la case books

ATTI DEL CONVEGNO NAZIONALE SUL CASO DEL

MOSTRO DI FIRENZE

Vernio, 16 luglio 2022

ATTI DEL CONVEGNO NAZIONALE SUL CASO DEL MOSTRO DI FIRENZE. 16 luglio 2022
AAVV

Il Convegno Nazionale sul caso del Mostro di Firenze 2022 è stato organizzato da Angelo Marotta, Giacomo Brunoro e Jacopo Pezzan.

ISBN 9781953546135

Copyright © 2022 LA CASE
Tutti i diritti riservati

LA CASE Books
PO BOX 931416, Los Angeles, CA, 90093
info@lacasebooks.com || www.lacasebooks.com

Nessuna parte di questo libro può essere riprodotta o archiviata in un sistema di recupero né trasmessa in qualsivoglia forma o mediante qualsiasi mezzo, elettronico, meccanico, tramite fotocopie o registrazioni o in altro modo, senza l'autorizzazione scritta esplicita dell'editore.

INDICE

Introduzione ………………………………….. pag. 7

Fenomenologia e trasversalità di un serial killer moderno, di Francesco Ciurleo ……………….. pag. 11

Dove e quando avrebbe potuto colpire il mostro nel 1986?, di Luca Mirri ……………………….. pag. 21

Mostro di Firenze, lo *stemma codicum* dei delitti, di Giulia Totaro ……………………………….. pag. 33

Lo strangolatore di Boston e il Mostro di Firenze, inchieste a confronto, di Valerio Scrivo   pag. 45

Legionari di merende, di Francis Trinipet ……… pag. 73

Bibliografia minima ……………………………….. pag. 135

Angelo Marotta ……………………………….. pag. 139

Jacopo Pezzan & Giacomo Brunoro ………….. pag. 141

LA CASE Books ………………………… pag. 143

INTRODUZIONE

Perché organizzare un convegno sui delitti del cosiddetto Mostro di Firenze? Perché parlare ancora di un caso di cronaca nera che tutti vorrebbero dimenticare? Perché rievocare terribili fatti di sangue a quasi quarant'anni dagli ultimi delitti del "Mostro"? E, infine, perché stampare un volume con gli atti ufficiali del convegno?

I motivi sono tanti, tantissimi. A partire dalla verità giudiziaria sul caso che, comunque la si pensi, non è riuscita a arrivare a una sentenza per ben tre dei duplici omicidi commessi dalla famigerata Beretta calibro .22. Per lo stato italiano, infatti, possono essere considerati casi "risolti" e archiviati soltanto il duplice omicidio del '68 (condanna definitiva per Stefano Mele), e poi i delitti del Mostro commessi dall'82 in poi (condanna definitiva per i "Compagni di merende"). A oggi dunque non esiste una verità giudiziaria per il duplice delitto del '74 e per quelli commessi nel 1981. Per non parlare dell'anomalia di Pietro Pacciani morto innocente in attesa di processo. Insomma, un pasticciaccio brutto comunque la si pensi, sia che si creda alla verità giudiziaria, sia che si creda in una verità storica che non coincide con quanto scritto nelle sentenze.

Ma questo è soltanto uno dei tanti motivi che rendono questo caso attuale, attualissimo. Addentrarsi nella più incredibile e agghiacciante storia di cronaca nera italiana significa sprofondare in un autentico ginepraio di teorie, sospetti, indagini, omicidi collaterali, violenze private, personaggi moralmente a dir poco discutibili, realtà sociali degradate, discussioni infinite. Anche per questo il caso dei delitti del Mostro di Firenze è diventato anche un esercizio intellettuale, una sfida con se stessi, un viaggio dentro al lato oscuro che si nasconde dentro a ognuno di noi.

E poi, non dimentichiamolo, studiare e raccontare i delitti del Mostro significa raccontare un'Italia che non c'è più, un'Italia molto diversa da quella che si ritrova nei libri di storia o di sociologia e che per decenni è rimasta invisibile. Quell'Italia provinciale che, nonostante il boom economico, restava ancora in gran parte legata a una quotidianità semplice e molto lontana dai violenti conflitti politici che hanno caratterizzato gli anni di piombo. Per questa Italia, forse, gli omicidi del Mostro hanno segnato la definitiva perdita dell'innocenza.

Un'ultimo pensiero, infine, va alle vittime di questa brutta storia, vittime a cui è doveroso portare rispetto e, soprattutto, dare giustizia. E quando parliamo di vittime non parliamo soltanto dei 16 giovani massacrati dal Mostro, ma anche di tutte le persone la cui vita è stata distrutta da una storia senza lieto fine: genitori, fratelli, amici, per arrivare a tanti innocenti indagati, accusati o, peggio, diffamati in maniera vergognosa.

Un celebre anonimo di quegli anni recitava *in me la notte non finisce mai*: questo libro, questo convegno e tutti quelli che verranno sono necessari perché anche questa notte, come tutte le notti, deve finire.

Giacomo Brunoro
Angelo Marotta
Jacopo Pezzan

FRANCESCO CIURLEO

Francesco Ciurleo è consulente investigativo, per la sicurezza e socio-criminologico.

Studia da anni il caso dei delitti del Mostro di Firenze, partecipando come relatore a diversi convegni e a varie trasmissioni sull'argomento. Nel 2019 ha pubblicato il romanzo *Sherlock Holmes e il Mostro di Firenze*, dove immagina il celebre investigatore nato dalla fantasia di Sir Arthur Conan Doyle alle prese con l'indagine sul serial killer italiano.

FENOMENOLOGIA E TRASVERSALITÀ DI UN SERIAL KILLER MODERNO

Trovo sempre non poche difficoltà nello scegliere uno specifico argomento da trattare o un singolo aspetto relativo alla vicenda del Mostro di Firenze, data la vastità e l'ampiezza dell'argomento stesso e, non meno importanti, visti i tanti studi che negli anni sono stati condotti sui delitti del Mostro.

Il mio intervento può essere definito "riflessivo": non vuole e non può essere un intervento in qualche modo risolutivo, né è mia intenzione parlare di una mia personale teoria o di una mia interpretazione dei fatti ma vuole, invece, spingere alla riflessione, al pensiero; vuole spingere al dubbio, alla domanda più che alla risposta, poiché le vere e solide risposte di questa vicenda sono davvero poche e i punti fermi, forse gli unici, sono le vittime che il Mostro ha lasciato dietro di sé.

Occupandosi di questa storia, si potrebbe spaziare dalla psicologia e la profilazione criminali allo studio del contesto sociale nel quale agì il Mostro, per poi passare all'annosa questione del delitto di Signa del 1968 e della famosa Beretta fino al dilemma, centrale nella storia della "mostrologia" e capace di dividere in vere e proprie schiere decine di studiosi del caso, del serial killer unico o del gruppo di assassini, senza contare la miriade di ipotesi sull'identità del Mostro.

Ho scelto di non addentrarmi nei vicoli bui di questa storia, che spesso risultano essere vicoli ciechi, perché ritengo che, a volte, dall'esterno le cose si possano vedere meglio.

Nell'ambiente mostrologico tutti abbiamo sofferto almeno una volta di una terribile malattia, quella del "secondo me". L'unico fenomeno reale, invece, e aggiungerei purtroppo, è il "secondo lui", cioè il punto di vista del Mostro. Riuscire a allineare questi due punti di vista, cioè il suo e quello dell'investigatore, professionista o dilettante che sia, per quanto possa risultare difficile, potrebbe, forse, portare alla verità, ma servirebbero prove che portino indiscutibilmente all'identità del soggetto ignoto e le prove, i fatti, sono i fenomeni da lui stesso prodotti.

Ritengo sia improbabile, se non impossibile, dopo tutti questi anni, isolare un singolo aspetto della vicenda, magari un aspetto che abbia anche valore di per sé, ma che non finirebbe, però, con l'esaurire la sconfinata serie di interrogativi che questa storia si è lasciata alle spalle, e che lascia aperti tutt'oggi.

Gli aspetti della vicenda che come studioso voglio affrontare in questa sede invece sono essenzialmente due: la sua fenomenologia e la sua trasversalità, due termini, questi, certamente reboanti e poco usati quando si parla del serial killer che dal 1968 al 1985 insanguinò le campagne fiorentine.

Dopo tanti anni dall'ultimo delitto del 1985 a Scopeti, per trattare una delle pagine più buie della cronaca nera italiana degli ultimi decenni, è necessaria un'analisi che sia trasversale, parlare del Mostro, quindi, come "fenomeno", passando, inevitabilmente, per i punti, i diversi punti, che costellano la vicenda, cercando di raccordarli.

Sì, perché questa è una storia che non può essere raccontata dall'inizio alla fine, anzi, forse non ce l'ha nemmeno un inizio e una fine ben distinti, definiti e identificabili, e che mettano tutti d'accordo, né la si può dividere in segmenti più o meno analizzabili, poiché ogni parte che la costituisce potrebbe addirittura essere in antitesi con le altre ma, allo stesso tempo, paradossalmente, esservi strettamente collegata. È proprio questa, forse, una delle caratteristiche che fanno di questo caso un vero unicum nella storia della criminologia, e non solo italiana.

Risulterebbe quindi complicato parlare di un singolo aspetto della storia senza passare per la criminologia, la criminalistica, la vittimologia, per arrivare, inevitabilmente, alle opinioni personali e poi, alla fine, lanciarsi in ipotesi più o meno plausibili.

Ecco, la vicenda del Mostro di Firenze, dopo tanti anni, da caso di cronaca nera e poi giudiziario è diventata un fenomeno capace di acuire, allo stesso modo, tanto il personale acume investigativo che la fantasia di ognuno, fino a diventare una fantasia collettiva o, nei casi peggiori, una sorta di delirio collettivo.

Ma siamo certi che la reale fenomenologia di questa "storiaccia" del Mostro di Firenze sia quella da lui creata e non, al contrario, quella creata da noi?

Con il termine "fenomenologia" si intende la descrizione del modo in cui si presenta e manifesta una realtà. E quella del Mostro di Firenze è una realtà, un micro-mondo, abitato dalla sua personalità, dalle sue fantasie, dai suoi desideri, dalle sue pulsioni, dalle vittime e dalle scene del crimine. È un micro-mondo, appunto, che apre uno squarcio e si incastra nel nostro e che produce fenomeni, produce fatti, che come tali possono essere osservati scientificamente, poiché hanno una loro vita, esistono in quanto si ritagliano un proprio spazio nella realtà. Ma, come dicevo, questa fenomenologia può essere duplice: c'è quella "reale", adiacente alla realtà stessa, che è quella prodotta dall'attore principale di questa vicenda, cioè dal Mostro, e poi c'è quella "interpretativa", personale e soggettiva, che coincide, alla fine, con il proprio punto di vista sulla vicenda, punto di vista che a volte si riduce a opinione personale.

Ma l'unicità di questa vicenda sta anche nel suo essere stata capace di produrre dei fenomeni a raggiera, creare una molteplicità di fenomeni che non necessariamente hanno a che fare con la vicenda stessa ma che, anzi, possiamo definire come il risultato del tentativo di dare una forma ai fenomeni stessi.

Nel corso degli anni, intorno alla vicenda del Mostro di Firenze, si è creata una fenomenologia a più livelli:

- paura;
- mediatica;
- giudiziaria;
- complottistica;
- delirante.

Il primo fenomeno che questa vicenda ha prodotto, ovviamente, è stato quello della paura: la paura dei giovani di addentrarsi nelle campagne fiorentine di notte per un momento di intimità; la paura dei genitori di questi giovani, una paura che ha portato a modificare usi e costumi di un'Italia fortemente perbenista.

Non ci dimentichiamo che, sotto il profilo socio-culturale, il fenomeno Mostro va a inserirsi in un contesto di battaglie sociali per l'emancipazione e la libertà della donna. L'Italia del dopoguerra, da Paese post-fascista, in quegli anni è ancora piuttosto "primitivo" sotto il profilo del femminismo rispetto a altri paesi, complice anche un certo tipo di retaggio cattolico. Ricordiamo che la legge per il divorzio fu introdotta solo nel 1970, e nel 1975 fu rimosso l'adulterio dagli atti penalmente perseguibili e nello stesso anno venne prevista la parità di genere all'interno del matrimonio, abolendo così il dominio legale del marito; la legge che regolamentava l'aborto, invece, è stata introdotta solo del 1978. Il 1981, poi, ci fu l'abrogazione della legge che prevedeva la pena mitigata in caso di delitto d'onore.

Le date cruciali delle battaglie femministe sono, per una straordinaria coincidenza, più o meno vicine a quelle dei delitti del Mostro. Le battaglie di quegli anni per l'emancipazione femminile possono, in qualche modo, avere a che fare in maniera collaterale con il Mostro stesso; un serial killer è figlio del proprio tempo e del contesto socio-culturale a cui appartiene.

Il fenomeno Mostro è talmente esteso che in quegli anni la famiglia italiana abbandona un certo conservatorismo, forse a tratti bigotto, preferendo lasciare casa libera ai figli, piuttosto che farli appartare in auto col rischio di essere aggrediti. Questo è indice dell'impatto culturale che la fenomenologia del Mostro ha avuto nell'Italia di quegli anni. Per questa ragione possiamo definire il Mostro come un serial killer "moderno", tragicamente moderno, andando oltre l'aspetto criminologico e inserendoci in un contesto, soprattutto sociale, molto più ampio.

Il secondo fenomeno prodotto dal Mostro è stato certamente e marcatamente quello mediatico. Da quando i media hanno iniziato a occuparsi del Mostro inteso come reale minaccia e non come un evento occasionale provocato da un folle, cosa che si pensava nell'immediatezza del delitto di Rabatta del 1974, si è passati da una paura in qualche modo mitigata dallo sbattere in prima pagina la presunta cattura del Mostro, parallelamente ai vari arresti eseguiti negli anni Ottanta, arresti finiti tutti con un nulla di fatto e accompagnati da titoli eclatanti e da toni vittoriosi, a un vero e proprio processo mediatico. Arrivando agli anni Novanta, infatti, ricordiamo gli articoli di giornale sul processo Pacciani e su quello ai "compagni di merende", ma è soprattutto con il caso Pacciani che la paura del Mostro degli anni Ottanta si trasforma, fra le righe dell'inchiostro fresco, in una gogna mediatica intrisa di rabbia che condanna Pacciani ancor prima di entrare in aula, quasi a ricercare in questo modo una sorta di catarsi, e questo processo mediatico rappresenta una terza fenomenologia che possiamo definire "giudiziaria", ma che ha avuto inizio prima che la vicenda entrasse in una vera e propria aula di tribunale.

Il quarto fenomeno di cui ci occupiamo è quello complottista, termine ricorrente nella vicenda del Mostro e caro ai seguaci di alcune teorie, che vede nel complotto, appunto, un modo per trovare delle risposte che, di fatto, non sono state trovate. Una sorta di lenitivo, che amplia e esaspera la vicenda del Mostro, fino a arrivare alle teorie più bizzarre e improbabili. Questo attingere al "complotto", a mio modesto parere, è un tentativo di trovare delle risposte rassicuranti, risposte che apparentemente sono precluse alla logica e all'investigazione, risposte talmente sfuggenti da poter essere trovate solo in complotti più o meno estesi e più o meno realistici.

Questo ci porta direttamente alla fenomenologia delirante, un terreno dove si confondono presunte doti investigative con proiezioni personali sulla vicenda del Mostro, proiezioni che con la vicenda, il più delle volte, hanno poco o nulla a che fare, ma hanno molto a che fare, invece, con la morbosa curiosità, del tutto umana, per i fatti di cronaca nera più cruenti e per i delitti efferati. Per avere un'idea del fenomeno, basti pensare al successo di famosi programmi televisivi che trattano argomenti di nera, programmi seguitissimi e che vanno avanti da molti anni.

Tante realtà, insomma, tanti fenomeni, tanti modi di raccontare questa storia.

Questo personaggio è stato capace di incrinare le sicurezze dogmatiche della criminologia, mettere in crisi tutto quello che si credeva di sapere sui serial killer e, ma qui mi lancio in un giudizio meramente personale, invece di crearne di nuove di teorie, forse, è stato più facile "appiccicare" alla vicenda teorie precostituite e più facilmente digeribili. Un caso unico come quello del Mostro di Firenze richiede un approccio altrettanto unico, che guardi sì al passato e alla conoscenza criminologica disponibile, ma che sia anche aperto a nuove scoperte, a nuove realtà, a una nuova fenomenologia.

E se invece fino a oggi avessimo parlato solo di mere interpretazioni, da quelle personali fino a quelle processuali?

Se avessimo quindi creato una fenomenologia tutta nostra, che valenza avrebbe nel quadro e nel complesso generali?

Di teorie sulla vicenda ne esistono a decine, ma quale di queste è stata veramente capace di essere sorretta da prove certe e inconfutabili che non lascino spazio al minimo dubbio?

Si ha spesso la sensazione, e l'ho avuta tante volte io stesso, di aver trovato il famoso filo rosso della vicenda, una strada che, finalmente, consenta di scoprire l'identità di quel Mostro che ha terrorizzato per anni la Toscana e l'Italia intera. Ma poi, inevitabilmente, si finisce con lo scontrarsi contro qualche muro più o meno alto, più o meno insormontabile. Questo accade perché la fenomenologia da noi riscontrata, o addirittura prodotta da noi stessi, non necessariamente coincide con quella del soggetto agente.

La vera fenomenologia nella vicenda del Mostro di Firenze sono gli effetti che questa ha prodotto; sono le scene del crimine che parlano, che "urlano" gli accadimenti di cui sono state testimoni; sono le vittime, ragazzi innocenti, colpevoli solo e unicamente di avere avuto quell'ingenuità e quella spensieratezza che solo la giovane età possono dare.

Negli anni ci sono state tante "verità", non solo giudiziarie, ma anche storiche. Tanti presunti colpevoli, personaggi loschi, meritevoli di essere indagati o, nel peggiore dei casi, condannati.

Ma se una teoria sta in piedi, non significa che sia vera. Eccola la trasversalità della vicenda: tante verità, tanti frammenti di verità, magari sparsi nelle tante idee e teorie che aleggiano sulla storia del Mostro, frammenti che, se rimessi insieme, magari potrebbero portare alla fenomenologia vera, reale; potrebbero portare alla verità, l'unica verità possibile, quella reale.

Dopo tanti anni gli indizi diventano labili, anzi scompaiano quasi del tutto, e un approccio trasversale potrebbe restituire una realtà fenomenica quasi vicina a quella reale. Quasi, sì, perché una ricostruzione, storica o giudiziaria che sia, seppur corretta e veritiera, non sarà mai quella "vera". O meglio, trovata la strada giusta, questa sarà comunque parallela e confacente alla realtà dei fatti, ma non potrà mai replicare un evento storico avvenuto in un determinato momento, con una successione di pensieri, azioni ed emozioni, sia da parte del soggetto agente, l'assassino, che da parte delle vittime.

Trovare finalmente la verità, paradossalmente, ci restituirebbe solo una visione parziale di un evento, visione quanto più possibile vicina alla fenomenologia dell'evento stesso, ma non sarà mai quella realtà, ma una sua rappresentazione; ed è proprio il coincidere di questa rappresentazione con l'evento che porta alla verità, cioè quando il fenomeno reale e il fenomeno "riprodotto" hanno dei punti in comune, punti che non siano solo teorie coerenti nella loro esposizione, ma che siano prove, certe, reali, concrete.

Insomma, la "verità", l'unica possibile, è quella che rispecchia al meglio un evento accaduto nel passato, ma non sarà mai quell'evento ma un modo, seppur parziale, per farci capire come quell'evento si è svolto; ce lo racconta, fondamentalmente, come un ricordo sbiadito, ma che conserva una sua veridicità.

Ovviamente questa ricostruzione della verità deve basarsi su fatti dalle solide basi e non, al contrario, da solide teorie che sono, però, prive di fatti. Parafrasando una massima cara a Sherlock Holmes, sono le teorie a doversi adattare ai fatti e non sono i fatti a doversi deformare per adattarsi alle teorie. E forse questo è proprio quello che, in alcuni casi, è successo nella vicenda del Mostro di Firenze.

Spero di chiudere il mio intervento lasciando più domande e dubbi che certezze poiché, come spesso ripeto, le certezze in questa storia sono davvero poche e quelle che crediamo essere certezze, in realtà, a volte si rivelano essere solo convinzioni, spesso del tutto arbitrarie e marcatamente personali, che fanno passare un'opinione, ovviamente del tutto legittima, come una verità scientifica e risolutiva.

Dopo tanti anni dall'ultimo delitto, risulta essere importanze, anzi vitale, porsi delle domande, ed è mio modesto parere che lo studioso serio debba porsi prima di tutto degli interrogativi. Ritengo quindi necessario, dal mio punto di vista, "azzerare" questa vicenda e ricominciare da capo, per quanto possibile, e porsi delle domande, anche banali, poiché le risposte "giuste" possono arrivare solo e unicamente dopo essersi posti le domande giuste.

LUCA MIRRI

Conosciuto all'interno della community dei "mostrologi" con il nickname di "Luca Scuffio", l'Ing. Mirri vive a Prato.

Grande esperto del caso del Mostro di Firenze, oltre a aver già partecipato in veste di relatore a diverse edizioni del convegno, è spesso ospite di trasmissioni e podcast dedicati al caso del serial killer che insanguinò le campagne fiorentine.

Nel corso degli anni si è distinto per un approccio scientifico e analitico al caso.

DOVE E QUANDO AVREBBE POTUTO COLPIRE IL MOSTRO NEL 1986?

«Ogni criminale lascia una traccia di sé sulla scena del crimine
e porta via su di sé una traccia»

Questa frase, del 1910, sintetizza il cosiddetto "principio dell'interscambio di Locard" e, possiamo dire, segna l'inizio delle moderne discipline investigative forensi. Ovviamente, il primo pensiero va all'autore di un crimine, ma è importante tener presente che questo principio vale per tutti quelli che in hanno avuto a che fare con la scena del crimine, gli investigatori *in primis*.
Questo apre al concetto di contaminazione che, purtroppo, è inevitabile, ma deve essere ridotta al minimo e, se possibile, neutralizzata documentandola (fotografare lo stato e gli spostamenti durante. i soccorsi, ad esempio). Negli anni, le scienze forensi hanno subito una notevole evoluzione. Facciamone un breve riassunto.

BREVE STORIA DELLE TECNICHE INVESTIGATIVE

Nel 1883 viene elaborato il cosiddetto metodo Bertillon, dal nome di colui che lo aveva inventato. Si trattava, sostanzialmente, di un metodo per registrare le caratteristiche biometriche dei criminali in modo da poter essere facilmente ricercate senza dover visionare migliaia di fotografie.

A partire dal 1891 Sir Francis Galton pose basi più scientifiche e sistematiche alla tecnica delle impronte digitali. Il primo caso risolto con questo nuovo metodo fu nel 1892 in Argentina. Il metodo venne adottato nel 1902 da Scotland Yard, una volta risolto il problema dell'archiviazione, della ricerca e del confronto per opera del matematico indiano Haque.

Il profilo psicologico nasce negli anni 50, per opera del dottor James A. Brussel. La tecnica riceve un notevole impulso quando uniscono i loro sforzi Douglas e Russell, apportando le loro conoscenze d'indagine sulla scena del crimine. Anche la vittimologia ha una disciplina interamente dedicata e collaterale allo studio dell'autore del crimine.

Attualmente si sono evolute molte tecniche scientifiche avanzate, l'analisi del DNA, lo studio delle tracce biologiche in genere e il Blood Pattern Analisys.

Una particolare menzione va data alle tecniche di ricostruzione tridimensionale e alla georeferenziazione delle scene del crimine, il cosiddetto *crime mapping*, come qualcuno ricorderà che è accaduto recentemente sulla piazzola di Scopeti.

Scopo delle scienze forensi è quello di analizzare cosa è accaduto a partire dalla "configurazione" attuale allo scopo di capire l'accaduto per tentare di risalire al responsabile di un crimine, ma anche e soprattutto, per cercare di anticiparne le mosse nel caso di un trasgressore abitudinario. Vediamo subito un esempio concreto.

LE SCIENZE FORENSI NELL'INDAGINE: LA BANDA DELLA UNO BIANCA

Fra il 1987 e il 1994, la famigerata banda, che poi divenne tristemente famosa col nome di Banda della Uno Bianca, commise più di un centinaio di crimini, provocando la morte di ventiquattro persone oltre al ferimento di moltissime altre.

Inizialmente, i criminali si limitarono a rapinare i caselli autostradali nelle ore notturne mettendo a segno dodici colpi in due mesi, ma ben presto alzarono il livello delle loro azioni.

Durante la consegna di un grande quantitativo di denaro, frutto di un'estorsione, avvenne una sparatoria con la polizia che aveva teso loro una trappola. Nella colluttazione rimase ucciso il sovrintendente Antonio Mosca.

L'escalation divenne incontrollabile e seguirono numerose rapine con diverse vittime, fino a culminare nel 1991 con la strage del Pilastro, in cui persero la vita tre carabinieri in servizio.

All'inizio del 1994, venne costituito a Rimini un gruppo speciale di magistrati, dedicato alla soluzione del caso. Successivamente, la direzione delle indagini fu presa da un *pool* di magistrati romani.

Ma la svolta si ebbe grazie allo studio e alle intuizioni di due poliziotti riminesi, Baglioni e Costanza, che cominciarono a analizzare in modo retrospettivo tutti i delitti e tutti i dati a loro disposizione, andando a ricostruire un quadro coerente che poi si sarebbe rivelata la carta vincente per fermare la banda.

Possiamo sintetizzare in questo modo le loro intuizioni:

- I componenti della banda potevano essere, tutti o alcuni, elementi facenti parte delle forze dell'ordine. Lo dicevano le tattiche usate, il modo in cui riuscivano a evitare i posti di blocco e ad anticipare le mosse della polizia e l'uso di armi non facilmente reperibili.
- I banditi sembravano conoscere molto bene le banche

che assalivano, dove erano poste le telecamere e le abitudini dei dipendenti. Questo poteva significare che, prima dell'assalto, l'obiettivo era accuratamente analizzato e sorvegliato.

I due poliziotti decisero di giocare d'anticipo, sorvegliando essi stessi le banche che, dalla loro analisi della geografia dei colpi messi a segno in precedenza, sembravano essere le migliori candidate all'azione successiva.

Fu durante queste attività di sorveglianza che fu notata l'auto di Fabio Savi che effettuava un sopralluogo alla banca di Santa Giustina. Questo fu l'inizio della fine dell'attività criminale della banda che, di lì a poco, venne assicurata alla giustizia.

AUSILI ALL'INVESTIGAZIONE

Il problema delle risorse assegnate a un'investigazione, non differisce molto da analoghi problemi cui deve far fronte un'unità produttiva aziendale. Le risorse a disposizione non sono infinite e, dunque, occorrono strategie adatte a conseguire l'obiettivo nel minor tempo possibile. Soprattutto quando ci sono in gioco delle vite umane.

All'epoca dei fatti del mostro di Firenze, la squadra mobile fiorentina doveva comunque gestire i problemi tipici di una grande città, capoluogo di provincia. Fatti di sangue, droga, rapine, assistenza alla cittadinanza. In quegli anni, poi, i fatti legati al terrorismo assorbivano gran parte degli sforzi di Procura e FFOO.

In particolare, vorrei prendere in considerazione quegli ausili che interessano più da vicino la nostra vicenda.

Vorrei, fra l'altro, mettere in evidenza una serie di protocolli e attività che vengono raggruppati spesso collettivamente sotto la denominazione generica di "Psicologia investigativa". Come dice il termine, non è altro che l'applicazione della psicologia alle tecniche investigative. Il continuo progresso in entrambi questi campi, porta a strumenti investigativi sempre più raffinati.

Vediamone solo alcuni:

• *Criminal Profiling*: attraverso l'accurata analisi della scena del crimine, dell'ambiente sociale in cui questo si è manifestato e con l'ausilio di dati statistici rilevati su criminali noti, si cerca di determinare le caratteristiche personali del trasgressore, in modo da restringere il campo delle ricerche. Abbiamo un buon esempio nei profili psicologici dell'assassino, così come delineati da De Fazio e dai profiler oltreoceano. Il rischio, tuttavia, è quello di dare un valore assoluto a considerazioni che, per loro natura, sono di ordine probabilistico. Un buon esempio è la certezza che hanno alcuni che il mostro dovesse essere impotente e, su questa base distribuire patenti di colpevolezza o d'innocenza.

• *Profilo geografico*: studiando i comportamenti tipici di uno o più trasgressori, si cerca di determinare il possibile luogo di residenza di costoro, in modo, di nuovo, di restringere il campo d'indagine. Va da sé che anche queste sono considerazioni statistiche. Non si tratta di un sistema infallibile e magico.

• *Intervista investigativa*: anche in questo campo la psicologia è di grande aiuto nel condurre in modo efficiente e affidabile i sospettati, evitando quegli errori che possono condurre fuori strada accusando innocenti o, anche, trascurando i responsabili.

• *Autopsia psicologica*: valuta lo stato mentale di una vittima deceduta. Utile, ad esempio, per capire se ci si trovi di fronte a un delitto o a un suicidio.

• *Valutazione della testimonianza*: tutte quelle tecniche di fondamentale importanza per valutare l'attendibilità di un testimone e se la ricognizione è stata fatta a regola d'arte (art.213 del codice di rito.)

• *Analisi vittimologica*: usata in presenza di persone scomparse o rapite, ma anche per integrare il profilo psicologico, per esempio, di un serial killer, come nel caso

del mostro di Firenze o di Donato Bilancia.
• *Analisi sulle lettere anonime*: Mira a profilarne l'autore per cercare di risalire alla persona che le ha inviate che potrebbe essere in grado di fornire informazioni interessanti.

IL MOSTRO DI FIRENZE: PROFILO TEMPORALE

È un fatto noto che questo assassino, soprattutto a partire dai delitti degli anni ottanta, colpiva in condizioni particolari e con determinate cadenze temporali. Vogliamo provare a analizzare quello che chiamo il suo profilo temporale.

Nel fare ciò darò per accertati i dati che vado a elencare, ma questo è per non complicare l'esposizione. Di fatto, anche ciò che diamo per scontato andrebbe sottoposto al vaglio della critica. Diamo per assodato, dunque, che a parte casi particolari, il mostro colpiva nelle seguenti condizioni

- Colpiva la notte
- Colpiva in assenza di luna (luna nuova)
- Colpiva nei prefestivi.
- Colpiva con cadenza quasi annuale
- Colpiva preferibilmente nei mesi estivi, ma di solito non in agosto (a parte Signa)

Questi vincoli che, evidentemente, si era autoimposto, ci possono raccontare qualcosa, ma occorre bene interpretarli.

La condizione di luna nuova talvolta è stata interpretata come l'esigenza di una sorta di rituale, derivato da un qualche rito misterioso, di natura esoterica o satanica. Tuttavia, è evidente che lo scopo di questo vincolo ha spiegazioni più semplici: l'omicida aveva ovviamente la necessità di operare nell'oscurità per non essere visto o riconosciuto.

Ma anche così, il rischio di fraintendere l'informazione è ancora presente. Infatti, come anche nei giornali dell'epoca era comune scrivere, si è portati a pensare che la condizione di oscurità fosse il risultato della poca luce dovuta alla luna sostanzialmente oscura.

In realtà, le cose stanno in modo un po' diverso. L'oscurità è garantita dal fatto che nel periodo intorno alla luna nuova, il sole e la luna si trovano più o meno nella stessa regione del cielo. In termini astronomici, si dice che i due astri sono in congiunzione. La conseguenza è che luna e sole sorgono e tramontano quasi allo stesso tempo dando luogo a una finestra di oscurità più o meno lunga. In questa finestra agiva il mostro.

È possibile, tramite vari siti internet, reperire quelle che sono le effemeridi di luna e sole, le tabelle cioè, che ci danno tutte le informazioni sul loro stato, praticamente in qualsiasi data del passato e del futuro: orario del sorgere e del tramonto, culmine, posizione e fase della luna. Un sito molto utile, per esempio, è quello di Marco Menichelli[1].

Questo ci dà il destro di provare a mettere in atto un nostro esercizio di retroanalisi che metteremo in atto dopo aver brevemente introdotto il profilo geografico.

IL MOSTRO DI FIRENZE: PROFILO GEOGRAFICO

Durante la caccia allo squartatore dello Yorkshire, la polizia brancolava nel buio, non perché mancassero le segnalazioni, ma perché ne avevano troppe.

Alle ricerche partecipava il biologo forense Stuart Kind. In quell'occasione ebbe un'illuminazione. Pensò che, in fondo, l'assassino poteva avere lo stesso problema di efficienza che un fornitore con più clienti disposti sul territorio doveva fronteggiare. Se avete un certo numero di magazzini di clienti fissi da dover rifornire, dove vi conviene stabilire il vostro magazzino centrale? La risposta la dà la matematica: in un punto situato in modo tale da minimizzare la somma

---

[1] Indirizzo web: www.marcomenichelli.it

delle distanze da tutti i clienti. Quel punto è la media geografica di tutti gli altri.

Kind prese in considerazione anche gli orari presunti degli omicidi inserendoli nell'equazione. Alla fine, stabilì che l'assassino doveva avere la sua residenza da qualche parte fra Shipley and Bingley e caldeggiò questa sua ipotesi presso gli investigatori. Sutcliffe, lo squartatore dello Yorkshire, venne però arrestato da tutt'altra parte, a Sheffield, per un caso fortunato. Lo studio di Kind sembrava errato e, di certo, non aveva contribuito a fermare gli omicidi. Preso dallo sconforto, pare che Kind avesse confessato alla moglie: "Non solo sei sposata con un cretino, ma addirittura con uno che ufficializza la propria stupidità sui rapporti ufficiali".

Ma poi fu reso noto il luogo di residenza di Sutcliffe: la cittadina di Bradford, fra Shipley e Bingley. Il metodo di Kind aveva funzionato. Successivamente fu esteso e ampliato da altri ricercatori, fra cui lo psicologo forense David Canter, che tentò di enunciare i principi psicologici dietro il profilo geografico.

Canter studiò un campione di quarantacinque stupratori seriali, verificando che l'87% di loro colpiva in zone circostanti la propria abitazione. Kind, a sua volta, aveva introdotto i fattore tempo in base a questo principio: più il crimine accadeva lontano dalla base dell'assassino e più ore di buio gli erano necessarie per rientrare a casa. Particolare non di poco conto: Sutcliffe era sposato e la moglie non sospettava niente delle sue attività criminali. Per lei, il marito stava fuori fino a tardi a bere birra al pub. Ne aveva dedotto, pertanto, che i delitti che avvenivano più presto, erano quelli più lontani dalla sua abitazione. Questa supposizione trovò conferma una volta ricostruita tutta l'attività di Sutcliffe.

Il principio di base del profilo geografico è: non così lontano da dover agire in zone del tutto ignote e non così vicino da compromettere il proprio rifugio correndo anche il rischio di essere riconosciuto.

Ma c'è anche un'altra esigenza, che potremmo riassumere come l'esigenza del venditore porta a porta. Questi non si recherà mai due volte di seguito in una stessa zona per non trovarsi a dover aver a che fare con la stessa clientela, ma ogni volta cercherà di battere un posto diverso e distante dal precedente.

Ci sono altre considerazioni da fare, ma accenno brevemente solo al concetto di *cluster*. Nel caso un delinquente, per qualche motivo, dovesse cambiare abitazione, ripeterà le proprie azioni in base ai medesimi principi. Si formerà così un altro raggruppamento, o cluster, nei dintorni della nuova abitazione. I cluster possono anche formarsi in caso l'assassino operasse da due basi diverse, per esempio, dalla sua abitazione principale e dalla sua abitazione delle vacanze.

A questo punto possiamo tentare una nostra retrospettiva sulle azioni del mostro. Poniamoci questa domanda: se noi fossimo gli investigatori incaricati delle indagini, avendo un numero limitato di risorse, dove avremmo concentrato le nostre attenzioni nel 1986? (anno dal quale il mostro cessò di colpire).

UN ESEMPIO IN RETROSPETTIVA: DOVE E QUANDO AVREBBE POTUTO COLPIRE NEL 1986?

In base a quanto abbiamo stabilito in precedenza parlando del profilo temporale, proviamo a estrapolare delle indicazioni concrete in base alla quali orientare le nostre ricerche. Si tratta, per forza di cose, di semplificazioni, ma vedremo che anche così otteniamo qualche risposta soddisfacente.

Abbiamo detto che il principio della luna nuova indica non tanto un giorno preciso, ma piuttosto un gruppo di giorni durante i quali si ha a disposizione una finestra di buio sufficiente a poter cercare le vittime e ucciderle. Questi i principi che ho pensato di adottare:

- Ho scelto di prendere il giorno della luna nuova, insieme ai due precedenti e ai due successivi. Cinque giorni

in totale, durante i quali l'assassino poteva ragionevolmente pensare di poter colpire.
- Prendendo poi per valida la constatazione riguardo i prefestivi e i fine settimana, ho deciso di prendere in considerazione i giorni di venerdì sabato e domenica. Per semplicità, non ho preso in considerazione le festività che potevano cadere in mezzo alla settimana, ma il ragionamento non cambia.
- Infine ho preso in considerazione solo i mesi da giugno a settembre escludendo agosto. Anche questa è una considerazione azzardata, ma mi serve solo per illustrare il concetto.

I delitti devono quindi avvenire al verificarsi contemporaneo delle tre suddette condizioni.

A questo punto ho verificato la rispondenza con i delitti noti a partire dal '74 (il '68 non verifica la condizione 2) e il risultato, ovviamente, è stato conforme in tutti casi, tranne che uno: il delitto di Scopeti. Per quel delitto, le tre condizioni si sarebbero verificate esattamente la settimana successiva.

Ma la cosa interessante è la proiezione sul 1986 utilizzando le effemeridi di cui sopra.

Per quell'anno le date pericolose sono, a tutti gli effetti, una manciata:

- sabato 10 maggio (+venerdì precedente e domenica successiva)
- sabato 7 giugno (+venerdì precedente e domenica successiva)
- sabato 5 luglio (+venerdì precedente e domenica successiva)
- venerdì 11 luglio
- sabato 6 settembre (+venerdì precedente e domenica successiva)
- sabato 4 ottobre (+venerdì precedente e domenica successiva)

Davvero poche date, a ben vedere. Nessuna garanzia, ovviamente, che l'assassino collabori al punto da "rispettare le regole", ma è certo che in mancanza di sufficienti risorse, se avessi dovuto scegliere una data avrei scelto una di queste.

Quanto al luogo, la cosa è più difficile, ma per il principio del venditore porta a porta e per il fatto di aver colpito recentemente in due posizioni opposte rispetto a Firenze, penso che avrei optato per le campagne a est della città.

Altra considerazione che si può ricavare da quanto abbiamo visto, è che se tre soli vincoli riducono così tanto le possibili date, l'introduzione di un quarto vincolo, quale ad esempio il colpire una coppia specifica, poteva rendere davvero impossibile trovare una soluzione praticabile. Questo mi fa propendere per una scelta casuale delle vittime.

Concludo questo breve saggio sperando di promuovere un modo più sistematico di organizzare i dati e le idee che riguardano le indagini sul mostro di Firenze. Personalmente son un sostenitore del rasoio di Occam che potrei citare in questa forma:

«È inutile fare con più ciò che si può fare con meno».

Un sentito ringraziamento, infine, va agli organizzatori del convegno e a tutti coloro che avranno avuto la pazienza di seguirmi fin qui.

GIULIA TOTARO

La Dott.ssa Giulia Totaro, docente e studiosa, è una delle massime esperte italiane sul caso dei delitti del Mostro di Firenze.

Ha già partecipato come relatrice alle precedenti edizioni del convegno organizzate da Angelo Marotta.

MOSTRO DI FIRENZE, LO *STEMMA CODICUM* DEI DELITTI

La singolare circostanza di questo convegno, che a differenza dei precedenti vedrà la conservazione scritta dei nostri interventi in un libro, mi sollecita a un excursus più ampio del solito riguardo al nostro comune campo d'indagine, ovvero la vicenda del Mostro di Firenze. Cercherò dunque nel mio intervento di orientarmi verso un pubblico che non è solo quello abituale dei nostri convegni e dibattiti.

Siamo nell'estate del 2022, sono passati 37 anni dall'ultimo delitto della serie attribuita al cosiddetto Mostro di Firenze (Scopeti, i primi di settembre del 1985), noi siamo ancora qui a parlarne. Alcuni di noi sono nati anche dopo la fine della serie dei duplici omicidi, o erano bambini mentre questi fatti avevano luogo.

Eppure ognuno di noi (sia tra noi relatori del convegno, sia tra i lettori di questo volume) dedica tempo, energie e denaro agli studi che chiamiamo "mostrologici", con un termine che originariamente era dispregiativo, ma di cui ci siamo appropriati fino a farne una bandiera.

Viaggiamo in cerca di confronti con altri studiosi, esploriamo i luoghi dei delitti di giorno e di sera, scaviamo in archivi, compulsiamo materiale più o meno diffuso, discutiamo accanitamente di dettagli apparentemente insignificanti, ci scateniamo in dibattiti, siamo divisi in fazioni e scuole di pensiero.

C'è anche chi tra di noi considera il caso risolto e i colpevoli individuati, ma a dispetto di questo continua a partecipare intensamente al dibattito e a studiare. Tra i più attenti e brillanti studiosi abbiamo colpevolisti (*merendari* e *paccianisti*), *sardisti*, cultori della pista esoterica, teorici del serial killer unico (entrato o meno nelle indagini) in tutte le potenziali identità di questa figura.

Qualcosa lega tutti noi: l'interesse per questo caso, l'intento di tenere viva la memoria storica di questi fatti e il desiderio di capire quanto più possiamo di questa storia. Al di là degli attriti e delle divergenze che inevitabilmente sorgono, ci accorgiamo che attraverso il confronto con gli altri ci nutriamo di stimoli nuovi, ma soprattutto di domande nuove. Anche chi è fermamente convinto della propria tesi e non la rinnegherebbe mai, attraverso il confronto con gli altri studiosi può essere sfiorato dal dubbio, dalla domanda che getta una luce nuova, che apre uno spiraglio improvviso.

Questo accade soprattutto in una vicenda come quella del mostro di Firenze, perché nessuna delle teorie delle varie scuole di pensiero è omniesplicativa.

Con ciò intendo che tutte le teorie hanno dei punti della storia in cui non funzionano, delle aporie quasi impossibili da sanare.

Procediamo con ordine, partendo dal 1968. Com'è noto, il primo delitto attribuito al mostro di Firenze è il duplice omicidio Locci-Lo Bianco, avvenuto sulla sponda del torrente Vingone, nei pressi di Signa, nell'agosto del 1968. All'epoca viene derubricato piuttosto velocemente come delitto passionale: le due vittime, come si sa, erano amanti, e fu indagato praticamente da subito Stefano Mele, il marito di Barbara Locci, poi condannato.

Qui sorge un primo problema significativo: se questo primo duplice delitto è maturato nella cerchia familiare e amicale di Barbara Locci, come può essere avvenuto un passaggio dell'arma del delitto da Stefano Mele (o da uno dei fratelli Vinci, o comunque da qualcuno di quel contesto) a chi poi compirà materialmente i successivi delitti delle coppiette?

Esiste una teoria secondo la quale chi ha ricevuto l'arma dopo il 1968 non sapeva che fosse stata utilizzata per uccidere una coppia appartata in auto: di certo la somiglianza tra questo delitto e i successivi rende molto improbabile una circostanza simile.

Ci sono ulteriori ipotesi circa un'arma abbandonata da chi ha ucciso Locci e Lo Bianco, raccolta presso il luogo del delitto da chi poi ha compiuto i successivi delitti attribuiti al Mostro: dato il tempo intercorso tra il momento in cui è stato compiuto il delitto e quello in cui sono stati rinvenuti i cadaveri e hanno avuto inizio i rilievi e i sopralluoghi degli inquirenti (poche ore nel pieno della notte), nonché il luogo dove è avvenuto il duplice omicidio, ossia un punto in cui non si transita per caso, ma ci si reca appositamente, l'unica circostanza per cui una teoria del genere potrebbe rivelarsi plausibile è la presenza, nei pressi del luogo del delitto, di una persona che è testimone oculare dei fatti e raccoglie la pistola lasciata sul posto dall'assassino (o dagli assassini) dei due amanti. Nulla ci vieta di pensare che nel luogo dove erano appartati i due amanti vi fosse un guardone che ha assistito al duplice omicidio, ha raccolto la pistola e l'ha conservata per 17 anni, compiendo successivamente gli altri sette delitti del mostro. Questo ovviamente vale se non riteniamo che vi sia identità tra l'uccisore di Locci e Lo Bianco e l'autore dei successivi sette duplici delitti attribuiti al mostro.

Il collegamento tra il delitto di Signa e la successiva serie omicidiaria, avvenuto nel 1982 all'indomani del delitto di Baccaiano, risulta essere un altro punto critico per tutte le scuole di pensiero mostrologico, ma altri eccellenti studiosi trattano della questione in modo molto ampio e approfondito (su tutti, penso a Gian Paolo Zanetti e Daniele Piccione, che tra l'altro sono di due scuole di pensiero mostrologico differenti): vi rimando al loro lavoro, anche perché della questione lettera anonima/cittadino amico/ricordo di Fiori si potrebbe discutere per parecchi convegni di fila.

Dopo sei anni dal delitto di Signa, a svariati chilometri di distanza, presso Rabatta, nel Mugello, la sera del 14 settembre 1974 ha luogo l'efferato omicidio di una coppia di giovanissimi fidanzati appartati in macchina a breve distanza da una strada poco frequentata: Stefania Pettini e Pasquale Gentilcore. Entrambi sono stati raggiunti da colpi di pistola, ma la ragazza è stata uccisa con oltre 90 coltellate e il suo corpo è stato lasciato per terra, dietro l'auto.

All'epoca nessuno collega i due duplici omicidi, quello di Rabatta e quello di Signa: in Italia non ci sono ancora mai stati serial killer noti, tra i due fatti sono passati ben sei anni, i luoghi dei delitti fanno parte della stessa provincia, ma non sono affatto vicini, gli inquirenti non sono gli stessi.

Tra questi due delitti è subito evidente una differenza vittimologica: non si tratta di due amanti trentenni, sposati con figli, che vivono un incontro clandestino in un contesto piuttosto complesso di relazioni incrociate, povertà e violenza, ma di due fidanzatini molto giovani, due ragazzi della porta accanto, dall'aspetto pulito, senza storie torbide alle spalle.

Un'altra differenza che salta immediatamente all'occhio, anche vedendo le fotografie dell'epoca, è la differente modalità di attacco e di accanimento sulle vittime. Chi uccide a Signa fredda Barbara Locci e Antonio Lo Bianco con otto colpi di pistola, non estrae dall'auto nessuno dei corpi, non infierisce con l'arma bianca su nessuna delle due vittime. Questo modus operandi avvicina il delitto di Signa a quelli di Baccaiano e di Giogoli (avvenuti rispettivamente nel 1982 e nel 1983).

A Rabatta, invece, chi uccide Stefania e Pasquale non solo spara, ma attacca anche con un'arma bianca, trucidando a coltellate la vittima femminile e lasciandola nuda fuori dall'auto, mentre la vittima maschile viene più volte accoltellata dopo essere stata ferita a morte dai colpi di pistola (presumibilmente in seguito allo scempio fatto con oltre novanta fendenti sul corpo della ragazza ormai esanime).

Chi ha ucciso Barbara Locci e Antonio Lo Bianco sembrava volesse "solo" ucciderli, chi ha ucciso Stefania Pettini e Pasquale Gentilcore ha voluto massacrarli.

Questi due delitti sono i due momenti fondativi noti della vicenda del mostro di Firenze, pur essendo forse i due delitti del mostro più dissimili tra loro. Potremmo definirli i due archetipi ai quali si rifaranno i delitti successivi, anzi, mutuando un termine dalla filologia, i due subarchetipi, se presupponiamo un archetipo originario andato perduto, indicato con Ω nella figura (ovvero, nel nostro caso, un fatto scatenante o un evento delittuoso precedente, visto che non stiamo parlando di manoscritti antichi ma di delitti seriali).

La figura descrive questo schema bifido e le sue diramazioni.

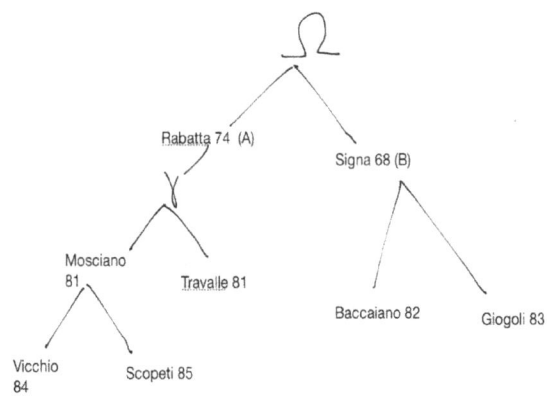

In figura, un tentativo di stemma codicum dei delitti del mostro: Ω in alto rappresenta l'archetipo perduto, γ indica un ipotetico subarchetipo interposto tra i fatti del 1974 e quelli del 1981

Abbiamo quindi, tornando al nostro tema primario, un altro *locus criticus*: l'enorme differenza tra i delitti del sottotipo Rabatta (A) e quelli del sottotipo Signa (B).

Nei delitti del sottotipo Rabatta almeno una delle due vittime viene rinvenuta all'esterno del veicolo (a Travalle entrambe, ma è un caso unico), vi è l'uso dell'arma bianca (soprattutto sulla vittima femminile), vi è accanimento sul corpo della donna (le tristemente note mutilazioni o le ripetute coltellate inflitte a Stefania Pettini).

Nei delitti del sottotipo Signa entrambe le vittime vengono rinvenute all'interno del veicolo, non è utilizzata l'arma bianca, non vi è ulteriore accanimento sulle vittime oltre alla loro uccisione.

Tra i delitti categorizzabili nel sottotipo Rabatta, dobbiamo con ogni evidenza includere quelli dell'81, Mosciano e Travalle, i quali avvengono a breve distanza di tempo (appena 138 giorni) dopo un silenzio lungo 7 anni.

Che cosa esattamente sia accaduto in questo non breve arco di tempo nella mente dell'assassino delle coppiette non ci è noto (così come ignoriamo cosa sia accaduto esattamente tra il 1968 e il 1974), ma certo è che entrambi questi delitti sembrano replicare lo stesso copione, con differenze appena accennate. Questa sorta di schema fisso (che nello schema in figura individuo come subarchetipo perduto γ) caratterizzerà anche i successivi delitti di Vicchio e di Scopeti, con l'ulteriore aggravante della seconda mutilazione sul corpo femminile: a quella pubica si aggiungerà la mutilazione del seno.

Nel terzo duplice delitto attribuito al mostro di Firenze, quello avvenuto nel giugno 1981 a Mosciano ai danni di Giovanni Foggi e Carmela De Nuccio, compare per la prima volta questo nuovo schema delittuoso (γ), che connoterà marcatamente la serie omicidiaria degli anni '80: attacco all'auto, uccisione rapida della coppia (colpendo di preferenza prima l'uomo), estrazione della donna, mutilazione. Tra il 1974 e il 1981 è scattato qualcosa che ha fissato nella mente di chi uccideva le coppiette uno schema di attacco ben riconoscibile, che prevede l'escissione del pube della vittima femminile.

A differenza dei delitti di Signa e Rabatta, a Mosciano il mostro colpisce molto più distante dalla strada principale, e si sente sufficientemente sicuro di non essere visto, al punto di esporsi a trasportare il corpo della vittima femminile per almeno 12 metri dall'auto al terrapieno dove compirà la sua prima escissione (nel tragitto attraversa anche una strada sterrata, che per quanto isolata è perfettamente percorribile in auto, e anzi è stata la via di arrivo dell'auto della coppia).

A Travalle, nell'ottobre dello stesso anno, il luogo scelto per attaccare l'auto di Stefano Baldi e Susanna Cambi è invece molto ben visibile dalla strada e dai campi circostanti, si tratta infatti di una stradina sterrata in piano in mezzo a un prato. L'unica differenza significativa con lo schema delittuoso tipico del mostro è lo spostamento della vittima maschile all'esterno del veicolo. Poiché il corpo del povero Stefano Baldi fu rinvenuto in una sorta di avvallamento a lato della stradina (dal lato opposto dell'auto rispetto al punto dove fu rinvenuta la vittima femminile), si può supporre che chi ha ucciso volesse almeno un po' occultare la visuale sulla scena del crimine, cosa che a Mosciano non si era minimamente peritato di fare: Giovanni Foggi è stato rinvenuto nell'auto, esattamente dove è stato colpito a morte, sicché chiunque abbia visto l'auto ha visto subito anche il corpo. Invece chi si fosse trovato a passare per via dei Prati a Travalle (a pochi metri dal luogo del delitto e in piena visuale, come ben sa chiunque ci sia stato) avrebbe visto solo un'auto vuota, parcheggiata sul trattoro. Solo chi si fosse avvicinato all'auto, inoltrandosi quindi nella sterrata, avrebbe visto anche i corpi delle due vittime. Tant'è che infatti il duplice omicidio viene scoperto solo la mattina successiva, nonostante qualche auto sia sicuramente passata di lì durante la tarda serata e la notte, comprese le auto di altre coppiette che erano appartate in quei paraggi, e quelle di coloro che transitavano verso Prato o Firenze di ritorno dai locali della zona.

Naturalmente, più tempo passa tra l'azione delittuosa e il rinvenimento dei corpi, più chi ha ucciso ha modo di dileguarsi dalla scena del crimine e di nascondere eventuali prove a proprio carico e materiali compromettenti, quali vestiti con eventuali macchie di sangue, armi, parti escisse: soprattutto a partire dal periodo successivo delitto di Mosciano, è palese che ci si trovi davanti a un assassino seriale, e quindi indagini e ricerche coprono rapidamente un raggio molto ampio, per cui il mostro deve riguadagnare un luogo noto e sicuro in tempi brevi.

È evidente che chi uccide ha la necessità di tornare velocemente in un posto che ritiene sicuro dopo gli attacchi alle coppiette (anche solo per mettersi al riparo dai posti di blocco che inevitabilmente vengono posti sulle strade principali, e comunque per far calmare le acque), questo luogo in alcuni casi può essere casa propria, se colpisce abbastanza vicino alla sua zona di abitazione, oppure può essere un qualsiasi casotto di cacciatori, struttura molto diffusa sul territorio e sempre piuttosto isolata.

Questo punto ci fa riflettere sulla dinamica del delitto di Baccaiano del giugno 1982: chi ha attaccato Antonella Migliorini e Paolo Mainardi sapeva di non avere molto tempo prima che qualcuno transitasse lungo la via Virginio Nuova e vedesse l'auto coi due ragazzi morti all'interno. Se anche l'auto di Paolo non fosse finita nel fossetto dall'altro lato della strada rispetto alla piazzola (guidata da chi, è un'annosa questione sulla quale il dibattito ferve da tempo: non è questa la sede per mettere a tema questo punto, in quanto l'unica cosa certa è che chiunque abbia fatto quella retromarcia non ha ottenuto il risultato che desiderava), chi ha aggredito i due ragazzi non avrebbe comunque potuto compiere le escissioni sulla vittima femminile, data la vicinanza della piazzola alla strada. Personalmente ritengo che chi ha ucciso fosse perfettamente consapevole del fatto che non avrebbe potuto effettuare le escissioni compiendo un delitto così vicino a una strada, così come a mio parere era consapevole di aggredire due uomini a Giogoli l'anno successivo. A proposito del delitto di Giogoli, non si sottolinea mai abbastanza quanto sia totalmente erronea la vulgata secondo la quale Uwe Rusch avrebbe portato capelli molto lunghi, che potevano farlo scambiare per una ragazza: erano anche più corti di quelli di Jean-Michel Kraveichvili, la vittima maschile del delitto del 1985. Inoltre, al momento dell'attacco al furgoncino i due ragazzi indossavano entrambi solo gli slip, il che li rendeva piuttosto distinguibili come uomini. Riesce difficile immaginare che un serial killer che da 15 anni prende di mira coppie appartate in piazzole non sia in grado di distinguere un ragazzo da una ragazza. Tornando al delitto di Baccaiano, la mia opinione è che chi ha ucciso sapesse di avere pochissimo tempo a disposizione, ma che contemporaneamente sapesse dove rifugiarsi velocemente: o era vicino a casa propria, o era nei pressi di un luogo che riteneva sicuro e in una zona dove sapeva muoversi agilmente.

A partire dal secondo delitto del 1981, chi uccide le coppiette sa che c'è preoccupazione tra la gente, e che questa ansia collettiva aumenterà: le coppie faranno più attenzione, sarà più difficile trovare piazzole adeguate ai suoi intenti omicidiari, i ragazzi che non rientrano in orario la sera saranno cercati da subito, qualche genitore si rassegnerà a lasciare la casa libera ai figli, sarà dunque più complesso trovare piazzole sufficientemente isolate, che permettano al killer di operare secondo lo schema che abbiamo individuato. L'operazione riuscirà appieno solo negli ultimi due delitti attribuiti al mostro, ovvero quello di Vicchio del 1984 e quello di Scopeti del 1985, mentre nel 1982 e nel 1983 gli attacchi si limiteranno all'uccisione con abbandono dei corpi delle vittime rispettivamente nell'auto e nel furgoncino (con uno schema analogo a quello di Signa, subarchetipo B: assenza dell'uso dell'arma bianca, cadaveri nel veicolo, scena del delitto abbandonata rapidamente).

Chi ha compiuto questi delitti era ben conscio del fatto che in queste precise occasioni (lato destro dello schema in figura) non ci sarebbero state escissioni.

Nel 1984, a Vicchio, chi uccide la giovanissima coppia formata da Pia Rontini e Claudio Stefanacci ritorna al modello dei delitti del 1981, aggiungendo l'escissione di un seno della vittima femminile (gesto che sarà ripetuto l'anno successivo a Scopeti).

Il luogo scelto per compiere questo delitto è una piazzola invisibile dalla strada asfaltata, a pochi chilometri dal luogo del delitto del 1974, sempre poco lontano dal corso del fiume Sieve, nel Mugello. Tra i luoghi dove si sono consumati i delitti del mostro, questo è forse il più discosto dalla strada, insieme a Mosciano e Scopeti. Da dopo i delitti del 1981, i ragazzi che non tornano a casa all'orario previsto sono subito oggetto di ricerche da parte di familiari e amici, preoccupati che i loro cari possano essere stati aggrediti dal mostro di Firenze:

è il caso di Pia e Claudio, cercati la notte stessa da una task force di amici, che li ritroveranno tristemente cadaveri, ennesime vittime del killer delle coppiette. Nel 1983 e nel 1985, il mostro uccide turisti stranieri che fanno campeggio libero, guadagnando un notevole vantaggio in termini di tempistiche di rinvenimento: in un'epoca senza cellulari, chi viaggiava telefonava a casa quando poteva, non necessariamente tutti i giorni, e non ci si allarmava prima di 24/48 ore senza notizie.

Il delitto del 1984 è quello in cui emergono patentemente tutte le caratteristiche della serie derivata dal subarchetipo A (o meglio dal subarchetipo perduto γ, che collochiamo tra il 1974 e il 1981): attacco rapido all'auto, uccisione dei due occupanti, spostamento vittima femminile, escissione, uso dell'arma bianca. Tutto va secondo i piani che chi uccide si è prefigurato. I due ragazzi vengono ritrovati già durante la notte, ma chi li ha uccisi ha avuto comunque alcune ore per dileguarsi.

L'anno successivo, nel 1985, avviene l'ultimo duplice delitto della serie omicidiaria attribuita al mostro di Firenze: in via degli Scopeti a Sant'Andrea in Percussina vengono uccisi Nadine Mauriot e Jean Michel Kraveichvili, due turisti francesi che stavano praticando campeggio libero con la loro tenda in una piazzola poco lontana dalla strada. Il luogo del delitto di Scopeti è tra i più visitati da chi si interessa del caso: per chi non lo avesse mai visto, si imbocca un tratturo sterrato lungo poche decine di metri, che sale dalla via degli Scopeti e giunge in un piccolo spiazzo circondato in parte da vegetazione.

Per la prima e unica volta, le vittime del mostro al momento dell'attacco sono all'interno di una tenda, non di un veicolo. Ciò modifica la dinamica dell'attacco, in quanto le vittime sono in una posizione abbastanza insolita per chi le aggredisce, si trovano infatti a pochi centimetri da terra (lo spessore del materassino da campeggio è minimo). Rispetto all'attacco verso un'auto, cambia completamente la visuale e mancano alcuni punti di riferimento e di appoggio. Com'è noto, dopo l'aggressione con la pistola Jean Michel resta ferito a un braccio e esce dalla tenda in un breve tentativo di fuga, al termine del quale sarà ucciso all'arma bianca, mentre Nadine muore subito e viene estratta temporaneamente dalla tenda per effettuare le escissioni.

Il delitto di Scopeti è forse quello più discusso e analizzato dell'intera serie, probabilmente perché è l'ultimo, ma anche per la complessa questione della datazione, per gli aspetti balistici legati alla posizione insolita di chi ha sparato, per l'abbondanza di testimonianze (più o meno credibili) legate a questo specifico delitto, per il plateale gesto della lettera anonima alla dottoressa Della Monica con accluse parti escisse dal corpo della vittima femminile, per tutti i misteri annessi a questo specifico delitto. Tra i duplici omicidi del Mostro della serie derivata dal subarchetipo γ, quello di Scopeti contiene alcune varianti uniche molto legate alla dinamica di svolgimento dei fatti (segnatamente la presenza della tenda e il tentativo di fuga della vittima maschile), ma appare ascrivibile alla serie per altri aspetti, tra cui la presenza delle escissioni.

Oggi sappiamo che dopo il 1985, nonostante fosse attesa con ansia e terrore una sua ricomparsa (fino al 1988 proseguirà la campagna Occhio, ragazzi!), il mostro non agirà più e smetterà di attaccare le coppiette. Noi, invece, dopo tutti questi anni continuiamo a cercare di capire come sono andate le cose, e siamo qui anche oggi con questo intento, cioè cercare di aggiungere con ogni nostra ricerca un tassello del grande mosaico della verità.

Come sempre, spero di aver contribuito nel mio piccolo alla costruzione del sapere comune della comunità mostrologica, al di là delle correnti e delle differenti scuole di pensiero.

VALERIO SCRIVO

Il Dott. Valerio Scrivo, conduce il programma "La notte del Mistero" su Radio Florence International, dedicato ai principali casi italiani e internazionali di cronaca nera.

È l'autore di *8 duplici omicidi* (Edizioni Ponte Sisto, 2022).

LO STRANGOLATORE DI BOSTON E IL MOSTRO DI FIRENZE, INCHIESTE A CONFRONTO

Quando il nuovo capo della polizia di Boston, Edmund McNamara, nel maggio del 1962, prese servizio, il tenente della omicidi John Donovan gli disse che in città, dall'inizio dell'anno, c'erano stati 25 omicidi. McNamara pensò che per una città di 700.000 abitanti, in fondo non erano tanti. Con un certo scetticismo chiese:

"E quanti ne avete risolti?"
"25 su 25!" rispose con orgoglio Donovan.

I due si scambiarono un sorriso compiaciuto e soddisfatto. McNamara reputò che fare il capo della polizia a Boston non sarebbe stato poi così faticoso.

La città stava vivendo un momento magico, il Presidente degli Stati Uniti era un bostoniano: John Fitzgerald Kennedy, un democratico di appena quarant'anni con tanti sogni nel cassetto. Una vera promessa della politica. Inoltre, c'erano grandi piani nel campo immobiliare, Boston doveva svecchiarsi. Il progetto - di diversi miliardi di dollari - portava per l'appunto il nome di New Boston. Un radioso futuro era dietro la porta. L'intera città aveva un sorriso compiaciuto e soddisfatto. McNamara, Donovan e tutti gli abitanti di Boston avrebbero però sorriso ancora per poco. Una nube tossica si stava per abbattere sulla città e vi avrebbe gravato per i successivi due anni.

Il 1962 appare oggi lontanissimo, come se il mondo fosse in bianco e nero. A me fa un certo senso vederla così perché io sono nato nel 1962. Mi fa senso sia perché appare così remoto (caspita, sono un dinosauro!) sia perché io, in qualche modo, c'ero quando è iniziata la storia del primo serial killer americano mediatico. Prima dello Strangolatore solo un altro serial killer aveva destato tutta questa paura, Jack lo Squartatore, che 75 anni prima aveva trucidato diverse prostitute nel degradato quartiere di Whitechapel a Londra.

Il 14 giugno di quell'anno il cielo della città si oscurò, e non solo per il maltempo, d'ora innanzi la pioggia sarebbe stata l'ultimo dei loro problemi.

All'interno di un appartamento, verso le ore venti, venne rinvenuta morta una signora di 55 anni. Fu il figlio a trovarla. Chiamò la polizia sostenendo che sua madre, Anna Slesers, di origine lettone, si era suicidata. I primi poliziotti accorsi non chiesero rinforzi perché per un suicidio bastavano e avanzavano. Tuttavia, essendo nei pressi un'automobile della omicidi, la Centrale chiese di andare a dare un'occhiata. Al volante c'era l'agente speciale James Mellon il quale quando arrivò quello che vide tutto gli parve tranne che un suicidio. La donna era supina a terra con la vestaglia aperta e nuda dalla vita in giù. La cintura della vestaglia era stretta al suo collo. Un nodo, a mo' di fiocco, di quelli che si fanno ai bambini, sporgeva da sotto il mento. I primi poliziotti – così come il figlio della donna - avevano supposto che si fosse impiccata alla porta del bagno, poi il peso l'aveva fatta scivolare a terra. Nel cadere aveva assunto quella posa grottesca, per non dire oscena.

Per Mellon la storia era completamente diversa. La donna, ne era certo, era stata violentata e strangolata. L'appartamento, seppur pulito, mostrava un gran disordine. I cassetti erano stati aperti e rovistati. Il figlio aveva creduto che la madre in preda alla depressione avesse frugato nella stessa alla ricerca di chissà cosa. Quella scena si sarebbe ripetuta svariate volte, troppe volte, buttando la città in un'angoscia senza fine.

Dunque, abbiamo visto come un poliziotto esperto avesse già interpretato bene la scena alla quale aveva assistito. Quello era il primo delitto del misterioso Strangolatore. Oggi, negli USA, alcuni poliziotti vengono addestrati a Quantico, nella sede del FBI, a capire sin dal primo omicidio se c'è traccia di maniacalità, in modo da poter prevedere se ci troviamo in presenza di un assassino seriale o meno. L'importanza della scuola americana l'abbiamo vista anche nella vicenda a noi più prossima che è quella del Mostro di Firenze. Ruggero Perugini, il capo della Sam, andrà a fare esperienza proprio a Quantico per affinare il suo intuito. Nel 1989 viene richiesta una relazione sugli omicidi all'FBI.

La storia del Mostro, come quella dello Strangolatore, inizia nello stesso decennio, quello degli anni sessanta. Sei anni dopo l'assassinio della Slesers, nelle campagne della provincia fiorentina, avviene il duplice omicidio della coppia clandestina Locci-Lo Bianco che viene derubricato come omicidio passionale o per interesse. A trarre in errore i nostri investigatori fu proprio la clandestinità della coppia, si trattava di due amanti, quindi l'assassino probabilmente era il marito, o comunque costui ne era coinvolto. Non sembrava ci fossero segni di maniacalità perché al di là dei colpi di pistola non vi fu scempio sui cadaveri. Ma non dimentichiamoci che mentre avveniva il delitto un bambino di sei anni dormiva sul divanetto posteriore dell'automobile, questo potrebbe aver cambiato i piani originali all'assassino, come suggerisce la perizia del FBI.

Negli anni sessanta non si era ancora sviluppata la scienza comportamentale, ovvero lo studio dei serial killer. Non esisteva neppure questo termine che verrà coniato negli anni Ottanta. O, almeno, diverrà famoso in quegli anni perché a dire il vero il termine esisteva già da un trentennio, il primo a utilizzarlo fu Ernst Gennat, il capo della Omicidi di Berlino, il quale a proposito del pluriassassino Peter Kurten nel 1930, per la rivista Kriminalistische Monatshefte, scrisse un articolo dove definiva il Mostro di Dusseldorf, Serienmörder, ovvero assassino seriale.

Mi chiedo se l'agente speciale Mellon avrebbe capito, se ci fosse stato lui a Signa, che qualcosa non quadrava.

Comunque, per quanto possa essere comprensibile l'errore degli investigatori nel 1968, diventa assolutamente imperdonabile la sottovalutazione fatta nel successivo delitto del Mostro, quello avvenuto sei anni dopo a Rabatta di Borgo san Lorenzo, sempre ai danni di una coppietta. Questa volta l'assassino si accanisce sui corpi delle sue povere vittime, soprattutto sulla donna alla quale sferra 96 pugnalate, le sfregia il viso, la mette in posizione degradante, con il sesso esposto, e la deturpa ulteriormente con un tralcio di vite in vagina. Il non collegamento con il duplice omicidio del 1968 - secondo la polizia brillantemente risolto arrestando e condannando il marito di Barbara Locci -, fa mancare un'ottima occasione per stabilire che si era creata una serie maniacale ai danni delle coppiette nella provincia di Firenze. I due delitti sono molto simili: una coppia appartata di notte lungo un viottolo di campagna, nella provincia di Firenze, assalita con una Beretta calibro .22. Avevano l'arma da fuoco che li collegava. Se se ne fossero accorti l'allarme sarebbe scattato già nel 1974 e la caccia al serial killer italiano sarebbe iniziata allora. Invece le forze dell'ordine si sono addormentate. Un delitto così atroce come quello di Rabatta ben presto dimenticato. Ci avrebbe pensato lo stesso killer a destare dal sonno i nostri investigatori. Nel giugno 1981 torna in auge assalendo un'altra coppietta con le solite modalità del 1968 e del 1974. Sono passati 7 anni dall'ultimo omicidio, e ben 11 dal primo. Gli hanno dato un vantaggio enorme, nel frattempo è maturato, si è meglio organizzato, ha studiato i suoi avversari, è pronto a dare battaglia. I lunghi anni trascorsi fra un omicidio e l'altro, e la vastità del territorio, certamente hanno avvantaggiato, sul piano investigativo, l'assassino di Firenze molto più che quello di Boston. Anche l'inesperienza degli investigatori ha dato un ulteriore contributo. Ma gli americani si sono comportati sicuramente meglio. Se i Fiorentini avessero letto e studiato come i Bostoniani hanno affrontato lo Strangolatore, la caccia al Mostro sarebbe stata più serrata e organizzata.

L'omicidio della Slesers non aveva destata nessuna preoccupazione nell'opinione pubblica. La notizia era finita in un trafiletto nelle pagine centrali. L'evento era stato etichettato come una rapina con complicazioni, come a dire che un ladruncolo era entrato per razziare l'appartamento ma poi scoperto dalla donna in vestaglia, l'aveva strangolata e violentata. Il tipo di violenza subita però avrebbe dovuto forse far scattare un campanello d'allarme: la signora fu infatti seviziata con un oggetto (nessuno aveva capito con cosa). L'assassino non aveva lasciato nessuna traccia, e nessuno lo aveva visto entrare o uscire dall'appartamento. In questo i due assassini, quello italiano e quello americano, si somigliano moltissimo. Ambedue abilissimi nel non lasciare nessun elemento del loro passaggio e stranamente in entrambi i casi non si è mai registrato nessun avvistamento certo e definitivo. Nel senso che nessuno ha mai visto l'assassino entrare o uscire dagli appartamenti dove avvenivano le uccisioni. Per il Bostoniano passare inosservato doveva essere sicuramente più complicato rispetto al Fiorentino. Egli agiva, infatti, in pieno giorno all'interno di caseggiati che pullulavano di appartamenti. Mentre il Mostro compiva le sue nefande gesta di notte, in luoghi isolati. Era un diverso terrore. Lo Strangolatore veniva anche definito Phantom, cioè fantasma perché sembrava che si materializzasse all'interno degli appartamenti e compiva gli omicidi senza provocare rumori o grida. Per poi sparire nel nulla. Non potevi sfuggirgli perché a casa dovevi comunque viverci. Mentre se si voleva sfuggire al Mostro bastava non appartarsi di notte da soli in isolate piazzole di campagne.

Ma cosa successe dopo l'omicidio Slesers? Non passarono neppure due settimane che sabato 30 giugno, nel pomeriggio, avvenne un altro strangolamento con violenza sessuale ai danni di un'altra signora, Nina Nichols, di 68 anni. Anche in questo caso non si registrarono segni di effrazione, l'assassino non aveva lasciato nessun segno fisico della propria presenza e aveva usato una calza per strangolare la donna usando diversi nodi. Quello più in cima a fiocco. Era diventato però più violento perché nella vagina della donna aveva ficcato una bottiglia di vino. L'appartamento era stato rovistato, ma non era stato preso nulla, né gioielli, né costose macchine fotografiche che la signora utilizzava.

La faccenda delle macchine fotografiche ci riporta, per una curiosa analogia, al delitto del 1983 compiuto a Giogoli dal Mostro ai danni di due turisti tedeschi. In questo caso uccide due uomini, un episodio che rimarrà l'unica eccezione. Nel furgone dei ragazzi c'erano, anche in quel caso, preziose macchine fotografiche che l'assassino non si sognò neppure di toccare. In entrambi i casi gli assassini non sembrano interessati agli oggetti di valore. Nell'omicidio del Mostro, però, gli inquirenti pensano che l'assassino abbia portato via un porta saponetta e un block notes da disegno. Questo rilievo non venne però fatto sul momento bensì diversi anni dopo quando in casa di Pietro Pacciani verranno ritrovati questi due oggetti che si reputò fossero appartenuti a uno dei due ragazzi. Appare piuttosto bizzarro che il Pacciani avesse trovato interessante due oggetti insignificanti quando aveva a disposizione anche dei contanti, per non parlare degli apparecchi fotografici. Non solo li avrebbe rubati ma li avrebbe conservati per anni. Non sembra avere molto senso un tale comportamento da parte di un assassino che ha compiuto tutti i suoi delitti senza lasciare una minima traccia di sé. La casa di Pacciani verrà perquisita una prima volta senza che gli investigatori si fossero accorti del Block notes e del porta sapone. Eppure Pacciani, pur temendo una seconda perquisizione, non si libera di questi due oggetti molto compromettenti. Insomma, rubare due oggetti senza alcun valore e conservarli affinché la polizia alla fine li trovi non pare avere molto senso. Ma non sembra avere molto senso neppure come agiva lo Strangolatore. Perché rovistare negli appartamenti senza prendere nulla?

Questo secondo omicidio, avvenuto in così breve tempo, attirò maggiore attenzione. Due donne anziane uccise alla medesima maniera. Cosa diavolo stava succedendo?

Precisiamo che la Slesers aveva 55 anni, non poteva ritenersi anziana, tanto più che di anni ne mostrava addirittura di meno. Eppure, per come era la mentalità in quegli anni, finì nella lista delle "Vecchie", come vennero etichettate le prime vittime dello Strangolatore. E Vecchie le definiremo noi attenendoci a quella terminologia che appare, in effetti, piuttosto poco gentile nei confronti delle vittime.

Lunedì 2 luglio il capo della polizia, McNamara avrebbe dovuto tenere una conferenza stampa per parlare dei due delitti. Mentre si accingeva a farlo venne informato di una terza vittima. A quel punto non c'erano più dubbi che uno squilibrato stava aggirandosi per la città.

In realtà la terza vittima, Helen Blake, di 65 anni, era la seconda vittima. Infatti, venne uccisa lo stesso giorno della Nichols, ma di mattina. La cosa più inquietante è che il delitto non avvenne a Boston bensì a Lynn, a un'ora di treno dalla città. Questo significava che l'assassino agiva in un raggio molto ampio, il che rendeva la sua caccia molto più impegnativa. Quello che ancora la polizia ignorava, era che la Blake non era la seconda vittima, bensì effettivamente la terza. Lo Strangolatore, il 30 giugno, quindi due giorni prima del doppio evento (usiamo una terminologia che ci riporta a Jack lo Squartatore quando in una stessa notte compì due omicidi), era penetrato nell'appartamento dell'85enne Mary Mullen. Ma questa era morta di infarto non appena era stata aggredita dall'assassino.

Ancora una volta possiamo fare un'analogia fra questo mancato delitto dello Strangolatore e il duplice omicidio del 1983 del Mostro. Nel primo caso, essendo la donna morta per cause naturali, pur se provocate dall'azione dell'assassino, costui non provò a violentarla né a rovistare nell'appartamento. Semplicemente perse interesse perché non l'aveva uccisa con le proprie mani.

Idem per l'uccisione dei due tedeschi. Non essendo una coppia eterosessuale, il Mostro perde interesse nei confronti delle vittime per cui si astiene dal dare pugnalate *post mortem*. Probabilmente in quell'occasione l'assassino fallì nella scelta dell'obiettivo.

La psicosi, nel caso dello Strangolatore, si ebbe dal quarto delitto in poi, avvenuto il 19 agosto a Boston, ai danni di Ida Irga, 75 anni. L'intervallo di circa due mesi stava facendo scemare la paura. Sembrava che le tre donne fossero state vittime di un esaltato che forse era stato catturato per altri motivi. Nel caso di Ida Irga, lo Strangolatore di prodiga in un'altra attività, quello della composizione. In questo caso, allarga le gambe della donna posizionando due sedie alle caviglie. La pone in maniera tale che appena si apre la porta dell'appartamento la donna appare in tutta la sua nudità e intimità. Purtroppo, a trovarla in queste condizioni, fu un ragazzino di 13 anni. La donna venne violentata con un oggetto e strangolata al solito modo.

Il giorno dopo venne trovata uccisa nella propria abitazione Jane Sullivan, di 67 anni. Anche in questo caso l'assassino aveva creato una composizione, l'aveva fatta trovare in ginocchio presso la vasca da bagno con il sedere esposto.

Lo Strangolatore era in piena escalation, uccideva a ritmo forsennato. In questo si differenzia dal Mostro perché costui ha avuto due lunghi intervalli all'inizio della sua carriera. Uno di sei anni dal 1968 al 1974, e uno di sette anni, dal 1974 al 1981. Poi andrà in escalation con un delitto all'anno, anche due come nel 1981. In ogni caso l'intervallo fra i delitti è decisamente molto più lungo rispetto a quello registrato nel caso dello Strangolatore. Il diverso intervallo ha fatto sì che la storia del Mostro durasse 17 anni mentre quello dello Strangolatore meno di due anni.

Comunque, la polizia di Boston non stava con le mani in mano. Già dal terzo delitto, McNamara aveva deciso che i suoi uomini avrebbero dovute essere addestrati sui delitti sessuali. Per cui chiese al FBI di tenere un corso sulle perversioni sessuali ai suoi uomini. Fu una buona iniziativa perché quei poliziotti capirono come il male possa sorgere in qualsiasi contesto e in qualsiasi soggetto. Anche il più innocuo individuo può nascondere un carattere violento e una psiche fortemente disturbata. Purtroppo, nel caso dell'indagine sul Mostro, non ci furono mai corsi del genere tesi ad addestrare i poliziotti che indagavano.

Intanto ci si chiedeva se l'assassino scegliesse le proprie vittime oppure colpiva a caso.

L'annosa questione si pone ancora oggi riguardo alla vicenda del Mostro: a questo riguardo vi sono due teorie, c'è chi propugna che il killer puntasse di volta in volta determinate coppiette e chi sostiene il contrario. Gli omicidi del Mostro non vanno considerati nell'insieme, potrebbe anche essere che attenzionasse alcune coppiette e altre fossero frutto del caso. L'ultimo omicidio, quello ai danni della coppia di turisti francesi, non può essere premeditato dal momento che la coppia era appena giunta nella zona di San Casciano. Lo stesso ragionamento si potrebbe applicare ai turisti tedeschi. Su questo evento particolare le opinioni sono molto contrastanti. Secondo taluni fu un errore strategico uccidere due maschi, secondo altri vi fu invece la volontà di terrorizzare ulteriormente e imporre la sua presenza sul territorio, come a sottolineare che nessuno poteva ritenersi al sicuro. L'omicidio del 1974, così barbaramente consumato ai danni della giovanissima Stefania Pettini, fa sorgere il dubbio che l'assassino questa ragazza la conoscesse. Quindi, come si vede, la questione è ancora aperta.

Ritornando alla Boston di quegli anni, dal momento che erano state uccise solo donne anziane, l'idea era che lo Strangolatore provasse un odio profondo nei confronti della propria madre. Era lei che desiderava uccidere continuamente. Metteva a soqquadro gli appartamenti perché cercava un oggetto che gli ricordasse la madre. Chissà cosa. Comunque, un trofeo da portar via. Trofeo che però non aveva mai trovato.

Secondo alcuni, anche il Mostro voleva punire le coppiette. Sarebbe stato un serial killer moralista. Comincia la sua attività quando inizia il periodo della libertà sessuale. I giovani diventano più espliciti, inneggiano al sesso, gli usi e i costumi cambiano. Le canzoni melodiche degli anni cinquanta cadono in declino, un seno nudo al cinema non fa più tanto effetto, i giovani cominciano ad appartarsi nelle automobili per fare sesso pre-matrimoniale. Un modo di fare che al Mostro disturba moltissimo e vuole porvi rimedio.

Personalmente non la penso così. Il Mostro per me va a caccia di coppiette perché ha un'educazione voyeuristica. È un guardone fin dall'adolescente. Magari ha iniziato spiando i genitori o le sorelle o le zie o le vicine. Le sue fantasie erotiche sono diventate fantasie di morte perché l'idea di uccidere gli provoca gran piacere. È il piacere che domina le sue azioni non il moralismo.

Ma ripiombiamo nel 1962. Siamo al 5 dicembre. Nella vicenda dello Strangolatore le cose si complicano quando la sesta vittima risulterà essere una giovane studentessa di colore di 20 anni, Sophie Clark. Per la prima volta l'assassino lascia liquido spermatico sulla scena del crimine. La ragazza aveva un bel fisico, può essere che per tale motivo, in questo caso, abbia preferito non usare un oggetto come surrogato.

Gli investigatori trovano estremamente interessante la testimonianza di una donna, Marcella Lulka, anch'essa di colore, che il giorno 5, nella palazzina a fianco all'abitazione della Clark, ma con ingresso comune, qualche minuto prima dell'omicidio, sentì bussare alla porta. Un uomo fra i 25 e i 30 anni, con un pantalone verde, disse che era venuto per ridipingere l'appartamento su ordine dell'amministratore. La signora rispose che non ne sapeva assolutamente nulla. L'uomo entrò comunque e si mise a ispezionare il bagno e la cucina come se conoscesse i locali. A un certo punto l'uomo cambiò completamente registro e le chiese, dato che aveva un bel fisico, se voleva fare la modella. La donna pensò veloce e trovò un espediente

per mandarlo via. Gli fece segno con il dito di non far rumore. L'uomo si infuriò:
"Cosa significa?" urlò.
"Mio marito dorme in camera da letto, la prego di non far rumore!"
L'altro si ricompose e farfugliò: "Devo aver sbagliato appartamento," e se ne andò.

Possibile che costui fosse lo Strangolatore? Sarebbe stato molto imprudente da parte sua commettere un omicidio dopo che la signora lo aveva visto bene in faccia. C'è da dire che la Lulka non andò direttamente dalla polizia. Furono gli investigatori a interrogare i vicini e ad arrivare a lei.

La signora Lulka, a mio avviso, aveva, in quel breve incontro, dato tutti gli elementi giusti per arrivare a identificare lo Strangolatore. Perché costui aveva agito lo stesso? Perché lo doveva fare e basta. Dopotutto non aveva fatto un bel nulla alla signora Lulka, perché lei avrebbe dovuto andare dalla polizia? E se anche ci fosse andata come potevano arrivare a lui? La Lulka, grazie al suo espediente, fu la vittima mancata.

Con l'omicidio Clarke lo Strangolatore aveva rotto lo schema: non importava che si trattasse di anziane donne di razza caucasica che abitavano da sole. La Clarke era di etnia afroamericana, ventenne, e abitava con altre ragazze. Anche il Mostro, come abbiamo notato, con l'omicidio di due maschi, nel 1983 ruppe lo schema.

Gli investigatori di Boston, però, avevano il dubbio che a uccidere la giovane studentessa di medicina non fosse stato lo Strangolatore bensì un emulatore. Essi passavano poche informazioni alla stampa proprio per non suggerire a altri criminali come agire. Al tempo del primo omicidio non avevano diffuso il concetto che poteva essersi trattato di un furto finito male perché non avevano voluto invogliare altri ladri di appartamenti, dato che c'erano, a commettere crimini sessuali con omicidio. I giornalisti erano seccati che la polizia non fosse prodiga di particolari. Si trattava di una strategia investigativa, siccome mitomani in giro ce ne sono sempre tanti, chiunque si fosse presentato per dichiararsi lo Strangolatore avrebbe dovuto ampiamente dimostrarlo. Quindi, non avrebbe potuto utilizzare i resoconti dei giornali per vantarsi.

Il 31 dicembre ecco un altro omicidio, viene strangolata Patricia Bissette, 23 anni. L'idea dello psicopatico che odia la madre cominciava a andare in crisi. Oppure, si trattava di un altro psicopatico che però prediligeva le donne giovani?

Questo omicidio apparve strano al medico legale perché la vittima non venne messa in una posa oscena, anzi l'assassino la coprì con una coperta. Forse la conosceva. La pietà che sembrava aver provato l'assassino fece ritenere che forse l'autore era un uomo infatuato della donna che aveva simulato il modus operandi dello Strangolatore. In ogni caso, una cosa era certa, il killer, nonostante l'allarme provocato dai suoi orribili omicidi, riusciva a farsi aprire dalle proprie vittime. In nessun caso avevano trovato segni di effrazione. Ma come faceva se persino i poliziotti avevano problemi a farsi aprire?

Il 6 marzo 1963 a Lawrence, una città vicino Boston, venne trovata morta nel proprio appartamento, Mary Brown, di 69 anni. La donna non era stata strangolata o violentata, l'appartamento non era stato messo sottosopra. Venne uccisa con un oggetto, colpita ripetutamente dopo essere stata coperta con un lenzuolo. Questo episodio non fu associato allo Strangolatore, anche se pure in questo caso l'assassino non aveva compiuto nessuna effrazione. Un omicidio senza alcun movente che rimase irrisolto.

La polizia pensava che l'assassino potesse uccidere quando non era impegnato con il proprio lavoro, colpiva soprattutto nei fine settimana e nel tardo pomeriggio. Anche nel caso del Mostro si è visto che agiva per lo più nei fine settimana. Ma sempre ben oltre il tramonto. Si fecero le medesime considerazioni, probabilmente compiva i suoi delitti nel tempo libero.

Il 6 maggio del 1966, a Cambridge, la città famosa per la sua prestigiosa Università, venne uccisa, Beverly Samans, di 23 anni. Il suo fidanzato la trovò due giorni dopo. La donna cantava in un coro e la direttrice si era preoccupata perché non si era presentata alle prove. Cosa insolita per la ragazza. Era stata strangolata al solito modo. Ma la causa della morte non fu lo strangolamento bensì numerose pugnalate al petto e al collo. Stava lavorando alla tesi di laurea, il cui titolo fece impensierire gli investigatori: Fattori eziologici dell'omosessualità maschile.

Si era infatti diffusa l'idea che l'autore di quei delitti fosse un omosessuale. Negli anni sessanta l'omosessualità era considerata una malattia mentale, una depravazione, una perversione. Il termine che veniva usato per definire gli omosessuali era "Invertiti". Questa idea non era solo nel pensiero popolare ma anche la comunità scientifica e la medicina consideravano l'omosessualità una patologia che si poteva eventualmente curare. La teoria era che l'omicida odiava la madre perché lo rifiutava come figlio in quanto omosessuale. L'odio si era poi esteso a tutte le donne.

Come mai era giunti a questa teoria? Perché diversi omicidi erano avvenuti in zone frequentate da omosessuali, perché erano considerati amorali e squilibrati, perché alcune vittime avevano abitato in quartieri ad alta intensità di omosessuali. Oggi, una teoria del genere non verrebbe presa neppure in considerazione ma allora era quella più gettonata.

Sulle tendenze sessuali del Mostro e il rapporto con la madre, si è dibattuto a lungo e ancora se ne discute. I sardisti vedono nella figura di Salvatore Vinci un bisessuale più tendente all'omosessualità che alla eterosessualità. Fra i Compagni di Merende c'era Lotti che alcuni individuano come un omosessuale del quale Pacciani avrebbe più volte abusato. L'omicidio dei tedeschi, forse con tendenze omosessuali, sarebbe avvenuto proprio perché l'assassino sarebbe stato anch'esso un omosessuale o quanto meno un bisessuale. Le ferite alle regioni inguinali dei ragazzi, negli ultimi due omicidi, dimostrerebbe che la sua sessualità stava virando sempre più verso l'omosessualità.

Dunque, se l'ottava vittima dello Strangolatore era stata uccisa era perché le sue ricerche universitarie l'avevano portata a indagare quel mondo depravato nel quale probabilmente aveva incontrato il suo killer. Comunque sia, l'assassino aveva cessato di uccidere donne anziane e si era concentrato sulle giovani. Oppure c'erano in giro più omicidi che si stavano ispirando all'assassino delle vecchiette? Se così fosse, perché quest'ultimo aveva cessato di uccidere?

No, non aveva cessato di uccidere, il 6 settembre a Salem viene violentata e strangolata Evelyn Corbin, 58 anni, anche se ne dimostrava molti di meno. Non si può però sostenere che gli investigatori brancolassero nel buio. Avevano diversi soggetti con caratteristiche molto sospette. Si trattava per lo più di persone con storie di malattie mentali, di conflitti con la propria madre, che abitavano e/o lavorano nei pressi di diverse scene dei crimini. Tutti senza un vero alibi al momento degli omicidi. Però la polizia voleva catturare il vero assassino per cui quando i conti non tornavano per qualcuno, quel nome veniva cancellato dalla lista dei sospettati. Ci fu anche chi si accusò del delitto della Samans, la ragazza pugnalata. Ma dopo essere stato sottoposto ad un accurato interrogatorio venne scartato. Come era giusto che fosse. In questo senso hanno agito con scrupolo. In nessun caso si sono innamorati della propria tesi e l'hanno portata avanti ad ogni costo.

Il 22 novembre 1963 nella Dealy Plaza a Dallas, in Texas, venne assassinato il Presidente Kennedy. Per Boston fu un colpo durissimo, quasi più che gli omicidi dello Strangolatore. Ma costui fece risvegliare immediatamente l'interesse per se stesso il giorno dopo: il 23 novembre alle 15:30 circa, a Lawrence, una giovane 23enne di nome Joann Graff venne strangolata e violentata nel proprio appartamento.

In questo caso l'orario è esatto perché alle 15:25 uno studente che abitava sopra la Graff udì bussare alla porta di fronte alla sua. Nessuno aprì. Pochi secondi dopo sentì bussare alla propria porta. Un uomo sui 27 anni che si toccava con una mano il naso come se fosse raffreddato, chiese se sapeva dove abitava la signora Joann Graff. Lui rispose che si trovava nell'appartamento esattamente sotto quello dove aveva bussato prima. Alle 15:30 la signora Johnson, che aveva invitato la Graff a casa sua, le telefonò per avvertirla che suo marito sarebbe passata a prenderla. Nessuno rispose. La donna richiamò altre volte. Senza esito. Il signor Johnson andò comunque a prendere Joan. Alle 16:40 era di fronte al portone del suo appartamento. Bussò senza avere nessuna risposta. L'omicidio venne scoperto il giorno dopo.

Il fatto che lo Strangolatore avesse agito il giorno dopo l'omicidio del Presidente venne visto come un atto di sfida nei confronti della polizia e un messaggio a tutta la città: non distraetevi, ci sono anche io.

La polizia non sapeva cosa pensare: possibile che l'assassino fosse stato così audace da colpire dopo aver chiesto l'informazione di dove abitava la sua vittima a un coinquilino del palazzo? Eppure, non poteva che essere costui l'assassino perché lo studente udì chiaramente lo sconosciuto bussare dalla Graff e la porta di questa aprirsi subito dopo. Lo descrisse come un giovane uomo bianco. Ma non poté essere più preciso perché il tizio aveva la mano sul naso che gli copriva mezzo viso.

Il 4 gennaio 1964 avvenne l'ultimo omicidio dello Strangolatore, una giovane studentessa di soli 19 anni, Mary Sullivan (nessuna parentela con la quinta vittima, Jane Sullivan) venne trovata brutalmente uccisa nel proprio appartamento che condivideva con altre due ragazze. Fu l'omicidio più inquietante. Lo Strangolatore l'aveva legata a letto, stuprata, strangolata, e post mortem le aveva infilato un manico di scopa in vagina. Fra le dita dei piedi vi aveva posto un biglettino che recitava: "Felice anno nuovo".

Anche il Mostro umiliò una delle sue vittima violandola con un tralcio di vite in vagina. Fu al suo secondo episodio. Questi gesti non sono finalizzati solo a degradare la vittima ma anche a sciocare chi le scopre e le forze di polizia.

Dopo questo episodio Edward Brooke, procuratore generale del Massachusetts, avocò a sé l'indagine sullo Strangolatore. La polizia di Boston avrebbe agito sotto la sua direzione. Questo creò un conflitto fra la Procura generale e la polizia della città. Brooke decise di creare una Task Force, vi mise a capo il suo vice, John Bottomly.

John Bottomly non era un investigatore, non aveva mai indagato su nessun tipo di reato. Era però un ottimo organizzatore, un grande analista. Il procuratore Brooke decise che quelle erano le qualità che servivano in quel momento. C'era una marea di documentazione da vagliare. Bottomly aveva compreso che le indagini tradizionali non bastavano, era necessario dare un senso a tutto quel materiale. Bisognava selezionarlo, ordinarlo e catalogarlo. Per cui richiese l'uso di computer. Per la prima volta questi nuovi strumenti informatici venivano utilizzati ai fini di un'inchiesta criminale. Inoltre, né lui né i suoi uomini erano esperti di malattie mentali. Bottomly creò un team di psichiatri, antropologi e grafologi.

Se ben vi ricordate anche nel caso del Mostro vennero adottati dei computer e venne chiesto l'aiuto di ricercatori universitari. La figura dell'antropologo la ritroviamo infatti anche nell'equipe del professor De Fazio. Questo particolare mi ha fatto pensare che De Fazio fosse a conoscenza dell'inchiesta sullo Strangolatore di Boston. Ma a che serviva un antropologo? Nel caso dello Strangolatore questo specialista studiava le caratteristiche delle vittime cercando di individuare se ci fossero tratti somiglianti. L'idea, infatti, era che l'assassino scegliesse precedentemente le sue vittime. Come poteva ogni volta sapere che erano sole in casa? Negli omicidi Sophie Clarke e Mary Sullivan, le ragazze coabitavano con altre coetanee. Eppure lo Strangolatore quando colpiva sembrava sapesse che in quel momento erano da sole in casa. Altro motivo che rendeva necessaria la figura dell'antropologo era stabilire alcune caratteristiche fisiche del reo se per caso avesse lasciato qualche indizio di sé. Questo non è mai accaduto a Boston. Ma è successo a Firenze. Quando vennero trovare le impronte di ginocchia sulla portiera dell'automobile delle vittime nel 1984, per stabilire l'altezza del soggetto che le aveva lasciate vennero usate le tabelle di Rollet. Solo un antropologo avrebbe potuto maneggiare quell'indizio per ricavare un dato così importante.

De Fazio però non utilizzò i grafologi. A Boston arrivavano centinaia di lettere, la maggior parte anonime. Il grafologo doveva cercare di capire se tra queste ci fossero anche comunicazioni dell'assassino. Non ne trovò, ma l'esperta fece uno studio su tale materiale e scoprì che la maggior parte delle lettere erano di donne che cercavano di far arrestare il loro compagno, altre cercavano un contatto con l'assassino. Erano attratte da questo misterioso killer. Forse De Fazio non credeva molto nella grafologia, dato che non l'ha utilizzata. È stato un peccato perché attraverso l'analisi del materiale pervenuto a giornali e forze dell'ordine forse davvero poteva esserci qualcosa scritto dall'assassino. Inoltre, uno studio sociologico e psicologico ci avrebbe illustrato come veniva percepito l'assassino da questa folla anonima.

Ma perché Bottomly decise di rivolgersi a esperti non convenzionali? Perché c'era un precedente illustre. Nel 1956, a New York da circa 15 anni imperversava uno psicopatico che metteva bombe artigianali in posti frequentati da persone comuni, come stazioni di treni o di autobus, grandi magazzini, cinema, metropolitane. Dai giornali venne soprannominato Mad Bomber, il bombarolo pazzo. A mio avviso non a UnaBomber, ovvero a Theodore Kaczynski, si è ispirato il bombarolo italiano che fra il 1994 e il 2006 ha piazzato bombe ovunque in Veneto e in Friuli. Ma a quest'altro bombarolo. UnaBomber infatti sceglieva le sue vittime, le sue azioni erano ispirate da un pensiero politico. Non così Mad Bomber che provava solo rabbia contro la società.

Il capo della polizia di New York, Howard Finney, non sapendo più che pesci prendere si rivolse allo psichiatra e criminologo James A. Brussel, per delineare un profilo dell'attentatore seriale. Brussel inizialmente non voleva accettare, ma poi si fece convincere. L'esperto richiese che il suo profilo venisse pubblicato nella speranza che Mad Bomber replicasse se ci fossero stati errori. Era un modo per intrappolarlo. Il misterioso criminale infatti comunicava moltissimo. In questo caso però tacque. Tuttavia, all'impiegata di una fabbrica sembrò che quel profilo fosse il ritratto sputato di un tale George Metesky, e lo segnalò alla polizia. La donna ebbe l'intuizione vincente. Nel 1957, quindi un anno dopo il profilo stilato dallo psichiatra, l'uomo venne individuato e arrestato.

Fra i vari esperti chiamati a raccolta da Bottomly c'era anche questo fenomenale criminologo. Il team di psichiatri si era diviso, c'erano quelli che credevano che gli assassini fossero due, il primo uccideva le Vecchie, il secondo uccideva le Giovani, e c'era chi, come Brussel, pensavano che ci fosse un unico assassino.

Anche nel caso del Mostro esiste una tale dicotomia: molti reputano che il primo omicidio della Beretta calibro .22 non faccia parte della serie maniacale. Il delitto di Signa ha qualcosa di personale, di passionale. Eppure la pistola è la medesima, come si spiega ciò? In due modi, l'assassino da passionale si è evoluto in maniacale oppure c'è stato il passaggio della pistola. Altri, me compreso, credono invece che anche il 1968 faccia parte della serie, l'autore è sempre lo stesso, la coppia di Signa è da considerarsi alla stregua delle altre coppie trucidate dal Mostro.

Ritornando alla Boston dello Strangolatore, su una cosa tutti gli esperti convergevano: l'assassino era un uomo che odiava la madre, non era sposato, non aveva figli, probabilmente era un disoccupato, con una storia psichiatrica alle spalle.

Nel frattempo che lo Strangolatore aveva cessato di colpire era emersa un'altra figura, un certo Green Man, ovvero l'Uomo in verde, uno stupratore seriale che era stato avvistato in quattro Stati diversi. Lo chiamavano così perché indossava una tuta verde. Era uno strano soggetto, dopo aver legato le vittime, le stuprava e poi chiedeva scusa. Sembrava pentito di quello che aveva fatto.

Una delle sue vittime aveva una memoria prodigiosa e riuscì a tracciare un identikit molto preciso di Green Man. Un poliziotto che osservò il disegno esclamò: "Che io sia dannato se questo non è Measuring Man!"

Measuring Man, ovvero l'Uomo delle Misure, era un tale accusato di truffa, bussava alle porte di tante donne spacciandosi per un talent scout di modelle, prometteva un buon guadagno e una felice carriera. Armato di un metro prendeva le misure delle ragazze. In verità si trattava di un molestatore sessuale perché il suo scopo era toccare le donne. L'uomo era gentile, affabile, cortese, allegro. Dopo averle misurate, asseriva che certamente sarebbero state scelte, per cui entro breve la rivista le avrebbe contattate. Ma nessuno si faceva vivo. C'erano cascate in molte. Parecchie lo denunciarono perché fidandosi di Measuring Man si erano lasciate toccare. Si scoprì in seguito che la tale rivista neppure esisteva.

Measuring Man e Green Man erano la stessa persona, ovvero Albert De Salvo. Costui era stato in galera diverse volte per furto negli appartamenti. Per la storia di Measuring Man finì in gabbia ma per poco mesi. All'epoca aveva 31 anni. Venne liberato due mesi prima che Strangolatore entrasse in azione.

De Salvo venne portato al Bridgewater State Hospital una struttura giudiziaria dove i rei con patologie psichiatriche venivano monitorati per un certo periodo di tempo per valutare se erano in grado di sostenere un processo.

Il nome di De Salvo era arrivato anche all'unità che indagava sui delitti dello Strangolatore. Avrebbero dovuto ascoltarlo ma prima che questo accadesse, De Salvo confessò di essere lo Strangolatore. Lo confessò al suo compagno di cella, George Nassar, e questi ne parlò con il suo avvocato Francis Lee Bailey, uno dei più grandi penalisti della storia non solo americana ma mondiale. Allora Bailey era alquanto giovane, ma aveva già affrontato con successo il caso di Sam Sheppard, il neurochirurgo accusato di aver ucciso la moglie e che ispirò la serie TV de *Il Fuggitivo*. Bailey lo fece assolvere dopo 10 anni di galera.

A volte il destino degli uomini sembra fatto di straordinarie coincidenze. Bailey era l'avvocato d'ufficio di Nassar, si era trovato a Bridgewater quasi per caso. Senza la straordinaria figura di Bailey probabilmente la vicenda dello Strangolatore avrebbe avuto uno sviluppo del tutto diverso, sarebbe rientrata in una normale routine o forse non sarebbe neppure esplosa. Proprio questo abilissimo avvocato si è trovato fra le mani il materiale compromettente dello Strangolatore. Eppure Nassar ha dovuto convincerlo ad accettare di ascoltare De Salvo. Infatti, quando Nassar gli disse che conosceva un tizio che dichiarava di essere lo Strangolatore, Bailey rispose che non aveva nessuna difficoltà a credere che in quel luogo, al Bridgewater State Hospital, ci fossero diversi che avrebbe confessato di essere lo Strangolatore.

Nei successivi incontri Nassar insistette con Bailey. Siccome il suo cliente era una persona con un quoziente intellettivo superiore, l'avvocato cominciò a avere il dubbio che forse questo De Salvo diceva la verità. Nassar a sua volta era un assassino senza scrupoli, pur non essendo un seriale, quindi se De Salvo aveva convinto costui, il quale di certo non si sarebbe fatto abbindolare dal primo venuto, forse c'era qualcosa di vero in quella storia.

Alla fine Bailey accettò di incontrare De Salvo. Ma l'avvocato voleva delle garanzie, non si sarebbe certo giocato la carriera per un mitomane. De Salvo avrebbe dovuto rispondere a cinque domande di cui solo l'assassino avrebbe saputo i particolari. Bailey chiamò Donovan, il capo della omicidi, e gli disse che c'era un tizio che dichiarava di essere lo Strangolatore. Per dimostrarlo gli poteva sottoporre cinque questioni che solo l'assassino avrebbe saputo risolvere? Neppure Bailey avrebbe dovuto conoscere le risposte giuste. Donovan inviò il questionario a Bailey senza dargli nessun suggerimento. Bailey somministrò il questionario a De Salvo e poi lo girò a Donovan. Questi rimase a bocca aperta: l'uomo di Bailey aveva risposto esattamente a tutte e cinque le domande!

Quando il nome di De Salvo emerse, Bottomly e gli altri poliziotti non credevano che dicesse la verità. Costui non corrispondeva al profilo che si erano fatti: lo Strangolatore doveva odiare la madre, che probabilmente era morta, mentre De Salvo era il figlio più legato alla mamma che era sempre viva. Lo Strangolatore era un solitario, forse un impotente o un omosessuale. De Salvo era sposato, aveva due figli, era molto attivo sessualmente e non aveva la minima tendenza omosessuale. Lo Strangolatore doveva essere un tipo violento che maltrattava la madre o le sorelle semmai ne avesse avute. De Salvo era un uomo tranquillo, affabile, gentile, odiava le parolacce, le bestemmie e non risultava che avesse mai torto un capello a nessuno. Lo Strangolatore era un disoccupato. De Salvo era un operaio molto ben voluto sul posto di lavoro. Lo Strangolatore doveva essere un fumatore o un bevitore perché cicche di sigarette erano state trovate su qualche scena del crimine e un uomo misterioso che beveva birra era stato avvistato in un bar poco prima che venisse compiuto un omicidio. De Salvo non beveva e non fumava.

Il caso De Salvo, da questo punto di vista, rappresenta una vera eccezione. Un quadro psicologico completamente errato. Tanto da far pensare a Bottomly che mentisse. La cosa strana in questa vicenda è che mentre la polizia cercava di dimostrare che De Salvo non era lo Strangolatore il suo avvocato difensore si prodigava nel dimostrare il contrario. Bailey sapeva bene che De Salvo rischiava la pena di morte per le sue confessioni. Ma era anche consapevole che per i crimini di Green Man non sarebbe più uscito di prigione. Se avesse dimostrato che era mentalmente instabile lo avrebbero rinchiuso in qualche struttura psichiatrica da dove forse un giorno sarebbe anche potuto uscire. Per cui fece un patto, siccome non avevano nulla che collocasse De Salvo sulla scena di nessun crimine commesso dallo Strangolatore, non avrebbero potuto utilizzare le sue confessioni contro di lui in un processo. Però avrebbero risolto comunque il caso.

De Salvo venne condannato per i crimini commessi da Green Man ma non venne mai formalmente accusato di essere lo Strangolatore.

Fu De Salvo a dichiararsi colpevole anche della morte di Mary Mullen, l'85enne deceduta per cause naturali il 28 giugno 1962, e della 68enne Mary Brown, massacrata il 6 marzo 1963 a Lawrence. Spiegò anche il motivo per cui coprì pietosamente il corpo di Patricia Bissette. La donna aveva interloquito con lui per circa un'ora, De Salvo si era spacciato per un vicino che abitava al piano di sopra. L'aveva trattato come un uomo e a lui questo aveva fatto piacere. Invece accoltellò Beverly Samans perché costei si era messa a gridare che l'aveva messa incinta. Non riusciva a farla smettere per cui la pugnalò. Il fiocco che usava non era una firma, semplicemente era il medesimo che utilizzava sulla sua bambina quando le metteva il cappellino.

De Salvo aveva avuto un padre ubriacone e molto violento. Picchiava la moglie davanti ai figli e si portava le prostitute in casa. Gli aveva insegnato a rubare all'età di sette anni. Ma lui e i suoi fratelli non erano così. Albert non ha mai picchiato sua moglie, è sempre stato amorevole con i figli, quindi è stato un buon padre, e non si è mai ubriacato.

La sua storia termina nel 1973 quando venne ucciso nella prigione di massima sicurezza di Walpole.

Anche nel caso del Mostro sono state fatti diversi profili, tutti lo vedono come un impotente, un solitario, un sottomesso a una madre dominate. La vicenda di De Salvo ci fa riflettere su come stare attenti nel formulare il profilo di un criminale. Non perché i profili non funzionano, sono fallaci, non servono che a confondere. Il caso di Mad Bomber e altri ci dimostrano che un accurato profilo psicologico serve eccome a indirizzare le indagini su criminali seriali. Però bisogna prendere tutto con le pinze.

Anche per me il Mostro dovrebbe essere un impotente, single, cresciuto in una famiglia soffocante. Ma non è con questo profilo che si dà la caccia all'assassino. Sono le sue scorribande nel territorio fiorentino, l'uso della pistola, l'abilità con il coltello, la conoscenza del territorio, la sua natura voyeuristica, le azioni compiute dopo i delitti che ci indirizzano. Certo, se davvero non si è mai sposato, è rimasto sempre un mammone, questi sono dati in più che abbiamo. Ma sono dati secondari, non primari.

Concludendo sulla figura di De Salvo, l'errata profilazione ha fatto sorgere dubbi sulle sue reali responsabilità. Però i dati primari portano a lui. Lo Strangolatore non ha mai lasciato tracce sulle scene. Come mai? È sempre riuscito a entrare nelle case nonostante l'allarme Strangolatore. Come faceva? Non lasciava tracce perché era un ladro che svaligiava appartamenti. In alcune case dove ha ucciso aveva precedentemente rubato.

Timothy Wilson Spencer, il primo serial killer condannato a morte grazie all'esame del DNA, proprio come De Salvo non ha mai lasciato tracce perché svaligiava appartamenti. E proprio come De Salvo, dove uccideva non prendeva nulla perché non un solo oggetto avrebbe dovuto ricondurlo sulla scena di un omicidio. Il fatto che in entrambi i casi non venivano sottratti oggetti ha fatto ritenere che l'assassino non fosse un ladro. Invece, in entrambi i casi si trattava proprio di un ladro. Per inciso, Spencer venne individuato grazie al preciso profilo che ne fece l'FBI.

De Salvo aveva sperimentato la sua abilità nel farsi aprire quando impersonava l'Uomo delle Misure. Quando confessò gli omicidi disse che non aveva mai trovato nessuna difficoltà nel farsi aprire la porta. In ogni caso, l'avrebbe aperta comunque. Non sembrava un uomo violento, la moglie, i fratelli, la madre, gli amici, i colleghi di lavoro, lo ritenevano tutti un uomo buono. Era uno stupratore, è vero, ma non aveva mai ucciso o torturato le donne che aggrediva. Anzi, addirittura chiedeva loro scusa dopo la violenza. Sembrava ossessionato dal senso di colpa. Egli stesso ammise che non era un violento ma quando era nella fase dello Strangolatore ha commesso cose che non avrebbe mai creduto di fare. Faceva molta difficoltà a confessare perché si vergognava delle sue azioni.

Per molti criminologi De Salvo era solo un mitomane. Non è possibile che lo Strangolatore e Green Man fossero la stessa persona proprio perché l'Uomo in Verde non uccideva. Un serial killer va in crescendo nella sua violenza. Inizia con gli stupri e poi evolve in assassino. De Salvo avrebbe compiuto il percorso contrario: prima era diventato il feroce Strangolatore e poi uno stupratore

Si è pensato che De Salvo non fosse lo Strangolatore fino a quando il suo DNA non è stato rinvenuto sul cadavere della sua ultima vittima, al 19enne Mary Sullivan. La polizia aveva raccolto spermatozoi da una coperta e dalla cavità orale della ragazza. Nel 2013 sono arrivati i risultati, quel DNA era di De Salvo. L'omicidio più raccapricciante dello Strangolatore lo ha commesso proprio lui. Quindi, al contrario di quello che riteneva chi credeva di conoscerlo, era in grado di compiere delitti atroci.

Però, secondo alcuni, quello è stato l'unico delitto di De Salvo, gli altri non gli appartengono. Non sono affatto d'accordo.

Vi ricordate Marcella Lulka, la donna che pochi minuti prima che la ventenne Sofie Clarke venisse uccisa aprì la porta a uno sconosciuto? Il tipo indossava un pantalone da lavoro verde, proprio come Green Man. La donna raccontò che il tizio aveva detto di essere lì per tinteggiare la casa, lei non avrebbe voluto farlo entrare ma quello si introdusse in casa lo stesso. De Salvo, ricordiamolo, era un operaio addetto anche alle tinteggiature. L'uomo si recò in bagno per vedere se anche lì c'era bisogno di una mano di vernice, come se conoscesse l'appartamento. Infatti lo conosceva, perché lo aveva già svaligiato quando vi alloggiavano precedenti inquilini. A un certo punto l'operaio le disse che aveva delle belle forme e avrebbe potuto fare la modella, la stessa tattica adottata da Measuring Man. Se la signora Lulka avesse descritto la fisionomia del suo interlocutore con la stessa precisione con la quale fece la ragazza che denunciò l'Uomo in Verde, forse un poliziotto vedendo l'identikit avrebbe esclamato: "Che io sia dannato se questo non è Albert De Salvo!". Purtroppo non è andata così.

Perché ritengo che gli investigatori di Boston abbiano agito meglio di quelli di Firenze? Innanzitutto perché sono partiti svantaggiati. Non avevano precedenti tranne il caso di Jack lo Squartatore, mentre nel caso del Mostro c'erano già molti precedenti, compreso la caccia allo Strangolatore di Boston che, ripeto, forse la polizia italiana ignorava ma che secondo me era conosciuta al professor De Fazio. Poi perché nonostante diversi soggetti sembravano corrispondere allo Strangolatore hanno saputo aspettare prima di agire. Invece, nel caso del Mostro si sono messi a arrestare persone non appena entravano nella lista dei sospettati. Anche quando De Salvo si è dichiarato colpevole gli investigatori si sono mostrati molto scettici. Avevano un reo confesso ma non gli hanno costruito addosso nessuna prova. Non tutto quello che sosteneva De Salvo corrispondeva esattamente. Eppure, erano più le cose che combaciavano di quelle che non combaciavano. Gli interrogatori fatti da Bottomly avvenivano in presenza di George McGrath, criminologo e penalista di grido nominato dalla Corte a garanzia dei diritti di De Salvo. Per gli americani i diritti dell'imputato erano sacri. E poi non volevano che venissero invalidati per vizio di di forma. La loro preoccupazione era che il reo confesso fosse in una botte di ferro. Non volevano trovarsi a dover processare un malato di mente che si vantava di quegli atroci delitti. Gli interrogatori di Stefano Mele, Giancarlo Lotti e Fernando Pucci, tutti soggetti con un quoziente intellettivo che li rendeva oligofrenici, ovvero poco intelligenti, sono sempre avvenuti senza neppure la presenza di un avvocato difensore.

Indubbiamente ci furono clamorosi errori nell'inchiesta sullo Strangolatore, gli investigatori a un certo punto andarono dietro i sensitivi quando si trovarono ad annaspare nel vuoto. Per questo vennero ampiamente criticati dai giornali. C'è anche da dire che uno dei sensitivi divenne un sospettato perché sapeva troppe particolari. Un certo Paul Gordon sostenne che dietro una porta lungo il percorso che avrebbe seguito l'assassino avrebbero trovato delle sigarette. In effetti le trovarono. Per Gordon le aveva perse l'assassino. Per me, invece, ce le aveva messe lui precedentemente. In ogni caso, come abbiamo visto, De Salvo non fumava.

Gli investigatori di Boston sono stati alla fine premiati. L'esame del DNA ha dimostrato che De Salvo disse la verità almeno su uno dei delitti. Prima che venisse eseguito l'esame i detrattori dissero che se si fosse dimostrato che De Salvo non aveva ucciso Mary Sullivan, molto probabilmente non aveva ucciso nessuna delle altre donne. Ma non dissero che se si fosse dimostrato che era l'assassino della Sullivan molto probabilmente aveva ucciso tutte le altre donne. Erano talmente sicuri che il DNA avrebbe sbugiardato De Salvo che si lanciarono in queste precipitose dichiarazioni.

Purtroppo nel caso del Mostro di Firenze non abbiamo nessuna prova certa, nessuna evidenza scientifica che inchiodi Pietro Pacciani o chiunque altro alle proprie responsabilità.

Se nel caso dello Strangolatore di Boston i dubbi sulla colpevolezza di De Salvo sono ormai residui, nel caso del Mostro di Firenze i dubbi sulla colpevolezza di Pacciani e relativi Compagni di Merende permangono, e nessuna sentenza nel nome del Popolo Italiano li scioglierà definitivamente.

FRANCIS TRINIPET

Francis Trinipet è nato a Firenze nel 1975. Bocciato al liceo, è pigionante presso una colonia felina.

Non ha veri amici bensì un lavoro fisso. Sia pure part-time: questo gli consente anzi di dedicarsi a tempo perso allo studio della più tragica vicenda che ha colpito la sua città.

Nel 2022 ha pubblicato con LA CASE Books l'audiolibro *Un anno senza il Mostro* (lettura di Antonino Barbetta).

LEGIONARI DI MERENDE

*A Giuseppe,
che sa troppo su Dante.*

Per i delitti del Mostro di Firenze, nell'arco di mezzo secolo, sono state arrestate, sospettate o attenzionate almeno un centinaio di persone. Mele uno, Mele due, Vinci uno, Vinci due, Giovannini, Spalletti, Mucciarini, Calamosca, Pacciani, Vanni, Faggi, Lotti, Narducci, Calamandrei, e tanti altri meno noti. Poi, apparentemente, la stasi. E infine la Mostrologia, prima sui forum (che bravi!) e poi, incontrollabilmente o tragicomicamente, sui social.

Ma la ricerca investigativa continua e, nel 2017, vengono indagati Gianpiero Vigilanti e Francesco Caccamo. Se quest'ultimo rappresentava una novità assoluta, chi seguiva da tempo il caso aveva già sentito parlare dell'ex-legionario, presente nella rosa dei sospettati fin dagli anni '80 e soprattutto indicato negli anni '90 come persona su cui indagare da Pietro Pacciani nei suoi memoriali e da Gennaro De Stefano in un'appassionata quanto inesitata inchiesta giornalistica. Nello scenario delle nuove indagini, Vigilanti, nato a Vicchio e residente a Prato, appassionato d'armi e legato all'estrema destra, emergeva (quasi fuori tempo massimo) come figura più che sospetta, alla luce di nuove dichiarazioni come di già note e curiosamente ignorate evidenze circostanziali.

Proviamo dunque a ripercorrere la vicenda del Mostro di Firenze, e in particolare le sue premesse, parallelamente al vissuto di questo particolare personaggio, che appunto inizia nel 1930 in Mugello, nel contado della "fascistissima" Firenze.

Un'avvertenza per i lettori: questa rendicontazione copre novant'anni e nel redigerla ho dovuto essere drasticamente selettivo; non mi si vengano pertanto a contestare le numerose ellissi topiche o tematiche che certamente la trattazione presenterà.

DOPOGUERRA FIORENTINO

Di famiglia convintamente fascista (il padre è un noto ras locale), Gianpiero ha solo tredici anni quando il mondo in cui è nato inizia a crollare: come in tutta Italia, dal '43 si assiste a un vero e proprio conflitto civile, una transizione violenta che rende lo scenario sociale militarizzato, incerto e quasi anarchico. Anche a Firenze e nel suo Mugello bisogna saper sparare e cavarsela in varie situazioni. Fino a tutta l'estate del '44, scontri, violenze, attentati, rappresaglie, fucilazioni e altri massacri punteggiano tragicamente la lotta fra nazifascisti e partigiani nel centro urbano come nelle campagne: a Calenzano, a Mosciano, a Fiesole, sul Monte Morello, a Borgo San Lorenzo, a Montespertoli, a San Casciano... proprio le campagne che bagnerà di sangue il Mostro di Firenze, furono già ampiamente irrorate dal sangue di partigiani e nazifascisti, lasciando un segno profondo nella memoria locale.

E così a Vicchio, il cui territorio paga un prezzo altissimo: nel marzo del '44 vengono rastrellati dai repubblichini alcuni giovani renitenti poi fucilati al Campo di Marte. Fra loro non figura il diciannovenne Pietro Pacciani, che pure come loro si è sottratto all'arruolamento nella Guardia Repubblicana e si è dato alla macchia nei suoi boschi (non so se siete mai stati nei pressi di Villore: c'è una sterminata foresta giurassica oggi, figuriamoci allora). Già denunciato per violenze in famiglia, Pacciani non si aggregherebbe alle squadre partigiane del Monte Giovi fino all'imminenza della Liberazione del Mugello, nel settembre del '44. Checché abbia poi dichiarato (per di più quale unica e plurismentita fonte), non figura in nessun registro né è mai stato formalmente riconosciuto come partigiano (a differenza di altri suoi coetanei e concittadini come ad esempio Andrea Pettini). Non sarebbe certo il solo "senza bandiera" ad aggirarsi in quei mesi per le campagne, rischiando di venir fucilato sia da una parte che dall'altra e pronto anche all'omicidio per sopravvivere (penso al repubblichino rinnegato e pluriomicida Sergio Vanzini, per dirne uno soltanto). Sorvolando su altri episodi minori, la vera mazzata era arrivata in luglio con la strage di Padulivo: terribile per il vicchiese, ma solo uno dei tanti massacri fiorentini e italiani di quel tempo.

Nel luglio del '44 siamo alle fasi finali della Guerra di Liberazione a Firenze e la tensione sale ai livelli massimi: mentre a Mosciano le SS fucilano per rappresaglia i misconosciuti Tito Casini e Giselda Bicchierai, a Rifredi due ricettatori, in combutta con dei carcerieri partigiani, uccidono a colpi di pistola una coppia di prigionieri, il sergente repubblichino Luigi Lavoratorini (26) e la sua amante Elisabetta Bitto (23), impiegata presso il Comune di Firenze; i loro corpi vengono gettati nel pozzo nero di un villino in via Corridoni; i soli scheletri verranno ritrovati casualmente nel '55 durante la vuotatura del pozzo; i responsabili furono condannati: mai rinvenuta una valigia di valori e gioielli appartenente alla coppia.

L'11 agosto '44, giorno della Liberazione di Firenze, ha luogo la sommaria fucilazione, da parte di una locale pattuglia partigiana, del maresciallo dei carabinieri Luigi Gallerani, rientrato in città colle truppe inglesi e ivi accusato di essere un cecchino fascista. Come lui vengono passati per le armi anche gli ultimi resistenti repubblichini, i famigerati franchi tiratori, fra cui donne e giovanissimi che non volevano arrendersi ("la consegna è di morire sul posto!").

E l'anno seguente, nel maggio del '45, si compie sul Monte Giovi, fra Pontassieve e il Mugello, la malaugurata strage del Santuario della Madonna del Sasso, in cui futili motivi causano un diverbio che culmina con l'uccisione di un militante comunista e l'immediata reazione dei suoi compagni: sarebbe il partigiano diciassettenne Renato Ciandri (poi letterariamente e cinematograficamente noto come il partigiano Bube) a uccidere un maresciallo dei carabinieri e suo figlio, responsabili del fatto.

Il Secondo Dopoguerra, che nella piana fiorentina inizia appunto nell'estate del '44, presenta una situazione quantomeno anarcoide, specie nella fase di riassetto costituzionale che porterà alla proclamazione della Repubblica. Viene il tempo delle ritorsioni antifasciste, talora anche pretestuose. Non pochi gli sbandati, sia fra gli ex-fascisti che fra gli ex-partigiani, in uno scenario di oggettiva confusione nazionale.

Fra il '45 e il '46, nella provincia fiorentina un gruppo di delinquenti si sfida in prove di coraggio fra cui l'omicidio deliberato; vengono identificati e arrestati lo squilibrato empolese Adolfo Giannini (26, reo confesso degli omicidi del vetraio Luigi Boretti e del pregiudicato Egisto Ciofi), e il suo presunto capo o mandante Giovanni Macii (31), condannato in concorso. Altri membri del gruppuscolo possibilmente esistenti non verranno mai identificati. Solo una delle tante micro-associazioni criminali che taglieggiano furbescamente un'Italia martoriata e confusa, dove prende piede una sorta di "banditismo militarista", fatto di gang di sbandati armati spesso travestiti da partigiani, militari americani o carabinieri. Le più note espressioni di questa casistica sono nel Nord Italia, come la Banda Dovunque, la Banda Casaroli, la Banda dei Vitelli, etc. Ma anche semplici gruppuscoli di spostati si servono di divise americane o partigiane per compiere stupri, requisizioni, omicidi. Gente dura, colla pistola, di una generazione formata dal fascismo e dalla guerra. Gente pronta a tutto, abituata alla macchia, alla vita nei boschi, a un continuo stato d'allerta, a un contesto instabile e a una società militarizzata e "di frontiera". Gente esperta in ricettazione, manutenzione e occultamento di armi. Nasce anche l'abitudine di attribuirsi un'inesistente militanza partigiana per dissimulare o giustificare i propri crimini, come fanno il Mostro di Nerola, il pluriomicida Ernesto Picchioni, e diversi altri. Fra il '47 e il '48, il fiorentino Guido Faraoni (28) imperversa insieme a due complici sull'Aurelia fra Grosseto e Sanremo: i tre si spacciano per carabinieri (con tanto di uniformi, paletta e lampeggiante) per carpire la fiducia dei malcapitati, derubarli di tutto e poi lasciarli legati con fil di ferro. Intanto, a Firenze turbano la comunità, fra gli altri, alcuni omicidi di prostitute (Domenica Castracane nel '47, in centro) e tassisti (Osvaldo Varlecchi nel '46, alle cave di Maiano), ma il delitto più misterioso in zona rimane negli annali quello di Elvira Orlandini, uccisa a coltellate a Toiano in provincia di Pisa nel '47.

Intanto, nel '46 Pietro Pacciani era partito per il servizio militare: diciotto mesi, tre dei quali presso la scuola fucilieri a Cesano di Roma, dove riceve un encomio per le performances sparatorie. Al contempo, il sedicenne Vigilanti cerca di espatriare in Francia, ma viene fermato a Ventimiglia in quanto minore e rispedito a casa con foglio di via obbligatorio.

Rientrato a Vicchio all'inizio del '48, Pacciani avrebbe la peggio in un diverbio con Vigilanti dagli esiti rusticani; è quanto raccontato circa settant'anni dopo dallo stesso ex-legionario: "gli ruppi la testa con un bastone, ma non sporse mai denuncia", dice. Possibilmente, mi permetto di congetturare, il riferito e presunto abuso di Pacciani verso il padre di Vigilanti all'origine dell'alterco, potrebbe anche spiegarsi come una facile prepotenza "da partigiano" verso un personaggio notoriamente compromesso dal proprio passato fascista.

Eppure, come rilevato da Andrea Ceccherini e Katiuscia Vaselli, secondo alcuni anziani di Vicchio i due giovani avrebbero preso a frequentarsi nonostante quell'episodio e l'apparente divergenza politica. Possibilmente si dedicano a bracconaggio, voyeurismo, frequentazione, sfruttamento o abuso di prostitute, forse anche piccole rapine.

Pacciani e Vigilanti a Vicchio, Faggi a Calenzano, Vanni e Bicchielli a San Casciano, all'epoca hanno tutti meno di trent'anni: tutti scapoli, si incrociano a Firenze dove frequentano gli ancor legali e diffusi casini della provincia, accompagnandosi a prostitute o anche a giovani prostituti (una casa di prostituzione maschile viene scoperta e chiusa in città nel '48). Probabilmente sono anche dediti allo sfruttamento della prostituzione e al voyeurismo. Parrebbe infatti che nel 1950, a Villore di Vicchio, Pacciani organizzasse convegni boschivi fra vari uomini e la giovanissima Miranda Bugli; di certo è abituato a spiare lei o altre donne mentre fanno l'amore nelle campagne (né è una mera diceria o un sospetto illegittimo il fatto che vendesse certi "spettacoli organizzati"). Vanno forse meglio inquadrate in questo contesto le premesse del ferale delitto della Tassinaia. Il ventenne Vigilanti è già ben noto alle Forze dell'Ordine: ha collezionato vari fogli di via e denunce per violenze, minacce, "furto domestico", e per essere stato sorpreso in atteggiamenti sconvenienti nei bagni pubblici delle stazioni di Genova e Firenze (o, nella stessa città, in quelli della Fortezza da Basso, in seguito assiduamente frequentata anche da Salvatore Vinci): nel settembre del '50 dichiara a verbale di esservisi recato "per spiare altri uomini" e di avere tendenze omosessuali. E nel novembre seguente viene arrestato a Genova per contravvenzione al foglio di via.

Cinque mesi più tardi, nelle campagne di Vicchio, presso Villore, ha luogo l'atroce delitto della Tassinaia, per cui vengono condannati il ventiseienne Pacciani e la diciassettenne Miranda Bugli, soggetti dal passato già squallidamente chiacchierato. Più che di un fidanzato geloso, il corpulento e mite Severino sarebbe stato vittima di una trappola diabolicamente congegnata. Ora, per quanto l'accusa e alcuni testimoni prospettarono la presenza di un "quarto uomo" sulla scena del crimine, la sentenza cristallizzò l'interpretazione dei fatti nella lettura di un banale delitto passionale (poi codificata nella celebre ballata del "Giubba"), escludendo la partecipazione di altri e forse precludendo così una più compiuta comprensione.

Nessuno all'epoca, dunque, parve pensare, come possibile complice del Pacciani, all'equivoco pregiudicato ventunenne Gianpiero Vigilanti, che di lì a poco lascerà il Mugello e si arruolerà nella Legione Straniera: solo a posteriori, dopo oltre sessant'anni, si è insinuato il crepante sospetto che una sua teorica implicazione nel delitto avrebbe potuto eventualmente meglio spiegare anche la vicenda "Mostro di Firenze" o almeno alcuni suoi aspetti.

Di certo, subito dopo le condanne di Pietro e Miranda, Vigilanti lascia clandestinamente l'Italia ("non me ne andai per quello, ma per cercare lavoro", dirà anni dopo), sconfinando nei pressi del valico frontaliero di Ponte San Luigi, a Ventimiglia: la polizia francese gli avrebbe dunque posto l'alternativa fra il rimpatrio e l'arruolamento. Per dire quanto Gianpiero sia dentro il suo tempo valga segnalare come proprio nel '52 esca in Italia il film *Gianni e Pinotto alla Legione Straniera*.

BENVENUTI ALL'INFERNO

Antica è la tradizione degli italiani nella Legione Straniera di Francia, che inizia nel 1831. Da allora vi hanno servito a oggi oltre sessantamila mercenari italiani. Mazziniani, garibaldini, anarchici, ebrei e perseguitati politici, fascisti e partigiani, avventurieri, criminali e latitanti, straccioni e aristocratici: tutti quelli che volevano combattere, o avevano un motivo per lasciare tutto e sparire, si arruolavano lì. All'aspetto nobilitante della redenzione e della temprante disciplina, si contrappone però innegabile il lato oscuro del Legionario. Professionisti del cinismo, programmati per la guerriglia e l'omicidio, usi al riciclaggio di denaro sporco.

"Come la legione straniera: tanti colleghi, ma nessun amico!". Nell'agosto del '53, Gigi Ghirotti firma su La Stampa un interessante dossier sulla Legione di quegli anni, "eterno rifugio degli spostati di tutto il mondo", cui fa da leggendaria anticamera la pittoresca città di Marsiglia, descritta come multietnica, multiculturale e... "multicriminale". Vi si radunano fuggitivi e disperati da tutto il mondo, non ultimi diversi ex-nazisti.

Nel decennio del Dopoguerra sono circa diecimila gli italiani arruolati in Legione, per lo più emigrati clandestinamente e in larga parte nostalgici del regime, quando non repubblichini compromessissimi in patria, che combattono "contro i rossi" in Indocina (e che magari torneranno in Italia per animare il fronte della destra neofascista, come Francesco Panittieri, Antonio Sottosanti o Giulio Salierno).

Sarà proprio il comunistaccio Pajetta, nel '50, a lamentare di fronte al Parlamento come migliaia di disperati italiani venissero impiegati in qualità di legionari dall'impero coloniale francese "contro i rossi" e contro la libertà di un popolo. A riprova di quanto scarsamente incidenziale sia invece la presenza di "rossi" in Legione, basti ricordare la "mosca bianca" Derino Zecchini, ex-partigiano comunista, che, arruolatosi nel '50 e inviato in Indocina, passò l'anno seguente alle fila nemiche per combattere contro i francesi, rimpatriando poi nel '57.

Diversi sono anche i "regolari" che si arruolano da ex-militari o per ragioni economiche; non pochi sono poi gli emigrati comuni che faticano a integrarsi in Francia, ma di più sono quelli in fuga dalla legge, dalla galera, o da un passato scomodo. Come Alessandro Selva da Tremezzina (MI), condannato in contumacia nel '40 per sequestro, stupri e violenze, che si fa tredici anni di Legione prima di tornare a scontare la pena nel '53. O come il ricettatore siciliano Mariano Palazzolo, che, ricercato dai carabinieri, espatria e si arruola. O come il toscano Renato Ciandri, il già menzionato "partigiano Bube", che si arruola nel '45 per sottrarsi momentaneamente all'accusa di un omicidio non giustificabile colla Resistenza. O come il fiorentino Igino Mazzolai che, diciottenne, nel '45 espatria clandestinamente e si arruola per sottrarsi all'arresto per furto. O come Giulio Salierno, neofascista ricercato che espatria e si arruola nel '53 (ma viene arrestato in Algeria ed estradato nel '54). Tal Enzo Beltrami, diciottenne di Modena, espatria e si arruola nel '50 addirittura per essere stato bocciato agli esami!

Ma non tutti riescono a sottrarsi alle loro responsabilità, venendo rintracciati durante la fuga (come, nel '56, il cosiddetto Mostro di Bari, lo studente Franco Percoco) o addirittura a Marsiglia (come, nel '54, i due giovani assassini dell'agricoltore torinese Mario Peiretti) e persino dopo l'avvenuto arruolamento (come, nel '55, i due giovani assassini dell'impiegato romano Giorgio Greco, riconsegnati dalla Legione all'Interpol). Ad alcuni, come al fiorentino Giorgio Restino, l'arruolamento viene invece offerto dalle autorità francesi come alternativa al rimpatrio coattivo e alla detenzione (sarebbe anche il caso, abbiamo visto, di Vigilanti).

E certo non manca chi si arruola per dare sfogo ai propri istinti omicidi. Numerosi, in ogni caso, i giovani che lasciano casa col sogno di una vita avventurosa: alcuni anche dissimulando la propria minore età, come i sei minorenni che nel '53 evadono dal riformatorio di Firenze per espatriare e arruolarsi in Legione, ma senza successo. Centri di raccolta per l'arruolamento in Italia si segnalano a Milano, Torino, Sanremo o Ventimiglia, quasi esclusivamente gestiti da ex-legionari, ex-repubblichini e neofascisti.

IL MIO NOME È LEGIONE

Quanti riescono ad entrare affrontano un durissimo addestramento di alcuni mesi per poi venir impiegati, negli anni '50, per la maggior parte in Indocina (circa duemila fra caduti e dispersi italiani), ma anche in Algeria, Tunisia, Marocco o Madagascar. Anche Vigilanti, dopo un corso da paracadutista, viene subito inviato a combattere in Indocina. La vita del legionario è cruda e difficile, scandita da una rigida disciplina. Si impara presto a colpire per primi e con decisione, a non farsi notare, a non lasciare tracce, a mangiare di tutto e a sopportare stoicamente rigore, fame, sete, fatica, sonno, intemperie, ferite, prigionia o torture. Alcuni non reggono e si fanno congedare per inabilità (come il biellese Pietro Bottinelli, che nel '56 o il veronese Paolo Pilati nel '59, che si arruolano e mollano un mese) oppure disertano (come i già menzionati Mariano Palazzolo, Igino Mazzolai e Enzo Beltrami, od anche Orlando Ricci e Silvano Girotto, che in quegli anni scappano dalla Legione per darsi alla latitanza in Italia); addirittura, nel '50, il fiorentino Franco Zarro, arruolatosi poco prima, si getta con altri due legionari nell'Oceano Indiano dalla nave che li sta portando in Indocina, restando in mare alla deriva per quattro giorni e venendo miracolosamente salvato da un mercantile inglese che lo porta a Singapore. Non è il caso del vero legionario Gianpiero Vigilanti, che combatte da par suo prima in Indocina e poi in Algeria per cinque lunghi anni, dal '53 al '58, patendo anche (come migliaia di suoi commilitoni) una breve ma dura prigionia in Indocina. Riferirà in seguito di aver ucciso in questo periodo almeno trecento persone: a supportare questa prospettiva, una foto dell'epoca rinvenuta in corso di perquisizione lo mostra mentre in tenuta da legionario tiene in mano due teste mozzate.

INTANTO A FIRENZE...

La Firenze degli anni '50-'60 è quella del "sindaco santo" La Pira e del dialogo fra cattolici e comunisti. Una Firenze senza Vigilanti e senza Pacciani, ma non senza mostri. Sotto la coltre di una produttiva e fiorente società cova infatti una provincia disturbata, arrabbiata e crudele, che ancora fatica a deporre le armi. A bilanciare l'amministrazione democristiana del capoluogo, giunte e sindaci di sinistra presidiano stabilmente i comuni della provincia, anche con percentuali bulgare: è il caso delle popolose città di Prato e Scandicci, come anche dei paesi di Vicchio, San Casciano, Sesto Fiorentino. O di Calenzano, dove negli stessi anni '50 è un giovane assessore comunista quel Giovanni Faggi, che, discretamente allontanato dal partito per "incompatibilità morale", verrà, molto tempo dopo, accusato di essere implicato nella tragica serie di delitti attribuiti al cosiddetto Mostro di Firenze. Ma cosa hanno in comune cattolici e comunisti nelle decadi della Prima Repubblica? In primis l'antifascismo: per questo Firenze, da "fascistissima" che era stata, diventa Medaglia d'Oro della Resistenza e rimane una capitale dell'antifascismo. La persistenza di una sparuta ma coriacea minoranza di estrema destra pronta all'azione armata affiora di quando in quando nelle cronache locali, ma una reale minaccia eversiva nel capoluogo toscano si paleserà, come vedremo, solo dalla fine degli anni '60. I fasci, per ora, se ne stanno nelle fogne: isolati, raggruppati e organizzati, covano una nuova generazione di squadristi ma anche di spregiudicati rampolli di gerarchi e industriali, ricchi e con agganci di ogni tipo e in ogni ambiente, amanti di auto fuoriserie, belle donne, whisky e cocaina. È il "modello pariolino", fatto di culto delle armi, traffico di esplosivi, campi paramilitari, propaganda e violenza politica, che di lì a poco darà i suoi geniali frutti.

Nel marzo del '61, a Firenze, una tentata manifestazione neofascista al cinema Excelsior (in occasione di un congresso provinciale del MSI) viene impedita e stigmatizzata da un'ondata di protesta e, formalmente, dallo stesso sindaco La Pira che fa persino affiggere manifesti d'ammonizione sulle mura cittadine; sugli stessi qualcuno traccia svastiche, forche e la scritta "saluti da Mauthausen". Alcuni picchiatori tentano un'aggressione a danno del primo cittadino davanti alla chiesa di San Marco, ma lui riesce ad evitarla usando un'uscita secondaria. Durante i conseguenti scontri fra neofascisti e antifascisti, un'auto targata Roma parcata in piazza San Firenze viene rovesciata dalla folla, e al suo interno vengono trovate "sbarre di ferro, manganelli, tirapugni, catene, manifesti e volantini del MSI". Nei giorni seguenti, il consiglio provinciale vota un Ordine del Giorno per la messa fuori legge del partito neofascista. L'istanza si diffonde a livello nazionale e arriva in Parlamento. E l'estrema destra comincia a giocare più sporco di prima, attivandosi decisamente – con reazioni teppistiche ma anche con veri piani eversivi – nel corso degli anni '60. Pur minimamente, la realtà dell'eversione neofascista è presente e rilevata a Firenze già in questi anni, con l'arresto di alcuni studenti universitari di estrema destra ritrovati in possesso di veri e propri arsenali (come, nel '60, il ventenne Andrea Durval in San Jacopino) e di altri simpatizzanti o militanti.

Con silente contrasto al progressismo imposto dalla Legge Merlin, diversi neofascisti si dedicano professionalmente allo sfruttamento della prostituzione e alla continuità clandestina della radicata tradizione italica dei casini: a Firenze, il sindacalista CISNAL e neofascista Carlo Tozzi (49) gestisce un giro di circa centocinquanta squillo, anche minorenni, "arruolando" studentesse o casalinghe disponibili con la scusa di selezionare provinanti per il cinema, nel cui ambiente romano ha effettivamente buoni contatti: viene arrestato nel febbraio del '62 (verranno inoltre contestati episodi di violenza subiti da alcune ragazze da parte di anziani clienti).

E non è il solo, diverse pensioni e casolari in tutta la provincia vengono agilmente allestiti allo stesso fine da nostalgici papponi e nostalgiche maîtresse che non si arrendono, spesso smantellati dopo un anno per traslocare altrove e solo di tanto in tanto scoperti dalla Polizia. Fra queste le prostitute già abitualmente frequentate da Mario Vanni col veterinario Bicchielli o con Lorenzo Nesi, come anche da Giancarlo Lotti, Fernando Pucci e molte altre. Sarebbe interessante verificare se nel "registro" del Tozzi figurasse anche una sola delle prostitute poi assassinate negli anni '80.

Se lo scontro politico non assume ancora contorni allarmanti, con episodi occasionali e limitati a risse e scazzottate fra giovani di destra e sinistra, allarmante è invece l'insorgenza di una nuova criminalità, di carattere metropolitano, interregionale o addirittura internazionale.

Preoccupante è inoltre l'incidenza di strani incidenti di caccia e sparatorie fra bracconieri e guardiacaccia nelle riserve rurali (con morti e feriti in vari episodi presso Vaglia, Marradi, Barberino, Impruneta, Montespertoli, San Casciano, fra il '53 e il '61). Del resto le campagne fiorentine sono, già all'epoca, veri e propri "boschi dei briganti", dove malviventi e terroristi stabiliscono le loro basi o trascorrono la latitanza, come l'ex-legionario Igino Mazzolai e il suo complice Carlo Bini, o l'evaso Masceo Gramigni, o il bandito sardo Antonio Piu.

Più gravi e isolati fattacci, che scandiscono stagionalmente le cronache fiorentine, sconcertano la popolazione ma risultano comunque scarsamente incisivi per la percezione comune, in quanto spesso originati da contesti marginali e/o psicopatologici e per lo più facilmente risolti dagli investigatori, come gli omicidi di alcune prostitute in centro da parte di loro amanti o clienti (Via dell'Amorino '54; via Faenza '55) o i delitti familiari commessi, per citare solo due esempi, da Bruno Agnorelli a Novoli o di Carlo Frullini a Bagno a Ripoli. O anche la fine tragica o misteriosa di bambini come Cristina Cortese (4), uccisa nel gennaio del '59 in via Pietro Tacca con due fucilate sparatele dal padre Achille, medico ostetrico in pieno esaurimento nervoso, o come Genesio Scuderio (3), scomparso nel nulla mentre giocava davanti casa a Peretola quella stessa estate.

O l'ancora formalmente impunito delitto della religiosa Tina Forasassi, meglio nota come Suor Annunziata e uccisa a colpi di spranga nel '61 nei laboratori dell'Ospedale di Santa Maria Nuova.

O i torbidi omicidi che si verificano al Parterre nel '62, in via del Guanto nel '65, a Peretola nel '69. O alcuni mortali regolamenti di conti fra sfruttatori di prostitute (alle Cascine nel '62 come forse anche nel '68 a Castelletti di Signa).

FANTASMI E OMBRE DEL BOOM NELLA CITTÀ DEL GIGLIO

Da questo scenario emergono a Firenze alcuni "mostri minori", alcune personalità che non hanno lasciato il segno nella memoria collettiva ma che presentano alcune caratteristiche che li rendono meritevoli di essere menzionati almeno in questa nostra rassegna.

Singolare e sinistro, se pur non letale, è il misterioso sparatore, che, a bordo di una Topolino grigio scuro, terrorizza con episodicità annuale le notti fiorentine fra il '52 e il '54, prendendo di mira con la sua calibro 22 bersagli apparentemente casuali (ma rigorosamente maschi adulti, a piedi o in bici): su sei assalti accertati nella periferia residenziale del comune di Firenze, il bilancio è di un solo ferito grave (poi ristabilitosi), qualche graffio o bruciatura, un grande spavento e tanta rabbia. Un giovane di Prato e suo padre vengono fermati e poi rilasciati. Mai ufficialmente identificato, l'autore degli attacchi si interrompe senza lasciar tracce ma la psicosi ormai ha preso la città, dove il passaggio di una qualsiasi Topolino scura continua per alcuni tempi a scatenare allarme e isterie collettive, con dozzine di segnalazioni prive di riscontri e episodi di panico in tutta la provincia. Diversi anni dopo, nell'aprile del '61, proprio una Topolino tornerà a sparare contro le vetrate di 3 negozi in Via Aretina: un episodio isolato che comunque non mancherà di rinfocolare la paura.

Nel '55, si registrano nella zona di Calenzano episodi di lancio di pietre o persino spari contro auto in corsa e contro il treno Firenze-Prato, con almeno sei feriti: questi episodi vengono da alcuni collegati al misterioso "sparatore folle della topolino scura" che imperversa in quei mesi a Firenze, ma senza riscontro. Entrambi i casi rimangono irrisolti. Sempre nel '55 il disturbato Duilio Giacomelli (67) da Uzzano, disertore dell'esercito statunitense e ristoratore fallito, sfoga il suo patologico sentimento antiamericano lanciando pietre (ma con accluso un foglietto con suo nome e cognome!)

contro automobili di quella nazionalità che sorprende nei dintorni di Montecatini. Viene internato per due anni. Ben più pericoloso è invece il cosiddetto "pazzo dell'autostrada" che in numerosi attacchi a notte fonda fra il '55 e il '58, sulla Firenze-Mare, lancia dal cavalcavia massi o pali sulle automobili, uccidendo un operaio pratese e ferendo un corriere fiorentino. Rimane sconosciuto. Aggressioni sessuali o d'altro tipo vengono inoltre segnalate a danno di ragazze, donne e anziane all'Isolotto, al Galluzzo, a Scandicci e qua e là in tutta la provincia.

Il proscenio degli assassini fiorentini, in questi anni, spetta certamente a una figura che mi sono trovato spesso a confrontare col Pacciani della Tassinaia come espressione dell'istinto omicidiario in contesto di "competizione relazionale": mi riferisco al "serial killer mancato" Mario Ciani, che nell'agosto del '50, al "cinema centrale di Signa", uccide con quattro colpi di pistola calibro 6.35 il trentenne Vasco Troni, un vecchio amante di sua moglie con cui si era peraltro recato allo spettacolo pagandogli persino il biglietto. All'epoca ventiduenne, Ciani viene arrestato e sta in carcere undici anni. Un anno dopo essere tornato in libertà prende a prostituirsi alle Cascine e nel febbraio del '62, uccide il suo cliente Luciano Cuomo (38, noto anche come Tommy Berti o La Contessa di Montecarlo) con cui si era appartato in auto nei pressi del Parterre. Dopo il delitto chiude la vittima nell'auto, di cui getta le chiavi nei giardini adiacenti. La pistola usata per l'omicidio sarebbe la stessa 6.35 del suo primo omicidio, la quale intendeva usare, dichiaratamente, anche per sterminare la propria famiglia.

Già negli anni '60 si aggirano discreti nella notte fiorentina numerosi guardoni, quasi tutti innocui. Fanno però eccezione alcuni pericolosi maniaci.

Il trentenne Francesco Moriconi si aggira fra Lucca e Firenze armato di pistola e coltellaccio aggredendo persone in campagna come in città, e riducendo quasi in fin di vita, in un'assalto notturno all'arma bianca senza apparente o rivelato motivo, il ventiduenne tedesco Gober Reiner, che sorprende addormentato presso un fienile a Peretola.

Gli sottrae diversi effetti personali ma non tocca i soldi, in valuta tedesca (200 marchi). Viene arrestato nel marzo del '61, poco dopo il fatto. Pur dilaniato, il tedesco sopravviverà. Nell'estate dello stesso anno, il cosiddetto Bruto di San Casciano violenta una bambina e ne molesta altre, promettendo 500 lire e un gelato. Possibilmente identificato dai carabinieri, le sue generalità non sono state divulgate.

E nell'ottobre del '63 arriva il mai identificato "maniaco dell'autobus", che con una lametta da barba ferisce le gambe o taglia le vesti ad alcune donne sull'affollata linea 2 (Vingone-Calenzano).

Poi, nel gennaio del '65, abbiamo il parimenti sconosciuto, ma mostrologicamente famigerato, "sfregiatore degli Uffizi" che deturpa svariate tele, accanendosi sugli occhi e i genitali di soggetti prevalentemente femminili (inclusa una "Susanna al bagno").

Semileggendaria ma non insostanziata è infine l'elusiva figura e lo spauracchio locale dell'Ammazzacani/Ammazzagatti, duplice personificazione popolare che interpreta la non infrequente soppressione violenta e crudele di animali domestici o randagi a opera di ignoti.

MARSEILLE LA BELLE

Verso la fine degli anni '50 viene anche per Gianpiero Vigilanti il momento del congedo, dopo anni di onorevole ma segnante servizio. Trascorse, come da tradizione per i neo-veterani, alcune settimane marsigliesi di "baldoria fra amici" e prolungati bagordi, Vigilanti decide di stabilirsi proprio a Marsiglia: diversi erano del resto in quegli anni gli italiani congedati dalla Legione che restavano a vivere in Francia.

La "città dei legionari", porto antichissimo, viene descritta da Gigi Ghirotti, su La Stampa del 2 agosto 1953, come un crocevia di razze "con equivoci caffettucci, bazar misteriosi, osterie piene di mosche. Vi s'incontrano scaricatori, meticci dal petto olivastro istoriato di tatuaggi, zingari e chiromanti, venditori di souvenirs, marocchini vestiti come nel Sahara. Ed anche legionari che, dopo il *rompez* si concedono la libera uscita serale". Ma Marsiglia è anche di più: un coacervo internazionale di criminali e un crocevia dell'estremismo nero a livello europeo. Un contesto apparentemente congeniale per l'ormai ventottenne Vigilanti, simpatizzante fascista con qualche precedente penale, che rileva con alcuni camerati un locale notturno nella zona del porto. Gli ex-legionari, del resto, sono una presenza fissa a Marsiglia: diversi si organizzano in vere e proprie bande criminali, animando la malavita e i racket locali, il mercato nero, come anche mettendosi al servizio di, o in contatto con, organizzazioni criminali e politiche, grandi aziende private e dittature del Terzo Mondo. Il periodo marsigliese di Vigilanti, però, non dura a lungo: stando a quanto da lui stesso riferito, il suo gruppo entrò in conflitto con "due arabi" che sarebbero stati addirittura da loro eliminati. Una rendicontazione ovviamente di parte e non riscontrabile: di certo, questi o altri problemi lo spinsero a lasciare Marsiglia e tornare in Italia.

IL RITORNO DEL LEGIONARIO

Sono alcune migliaia gli ex-legionari rimpatriati che cercano un posto nella rinata Italia repubblicana: alcuni l'avevano lasciata quando ancora c'era il re; altri, come Vigilanti, quando c'erano ancora le case di tolleranza e non esisteva la televisione. In dieci anni il mondo è davvero cambiato e, di questi ex-mercenari, non pochi faticano a integrarsi: ma in genere tengono duro e, diversi riescono, date la loro affidabilità, competenza, risolutezza e discrezione, ad impiegarsi facilmente come autisti, manovali, operatori per la sicurezza, etc.

Alcuni, avvantaggiati dalla acquisite competenze militari e tecniche da corpi speciali, decidono di praticare (o continuare a praticare) la via del crimine. E così leggiamo, sui giornali degli anni '60, dell'ex-legionario Alfio Pelagalli (26), che si dà alle rapine e ai furti di gioielli e viene arrestato a Genova con una pistola Mauser e un lungo coltello. O dell'ex-legionario Giovenale Gallina (22), che commette svariate rapine in Piemonte. O del disertore dalla Legione Bruno Riga (26), che, con alcuni complici francesi, opera nel '61 come estorsore in Liguria a danni di imprenditori che minaccia falsamente a nome di un fantomatico fronte eversivo franco-algerino. O di Silvano Girotto (26) che dopo la Legione, una carriera delinquenziale e qualche anno di carcere, si farà frate. O di Giovanni Faga (36), che nel '64 uccide a Torino la mondana Vittoria Gabri (28), a suo dire perché non voleva lasciare la vita e rifiutava di intraprendere una relazione stabile. Altri tre ex-legionari italiani rapinano e uccidono a calci, in quegli stessi anni, un'anziana signora francese a Marsiglia e vengono poi arrestati in Italia e condannati a pene fino a ventisette anni. Peculiarmente singolare per il nostro interesse è infine il caso dell'ex-legionario Lorenzo Camboni, che nel '63, nei pressi di Vigevano, armato di un coltellaccio e di una Beretta calibro 22, aggredisce le coppiette appartate per rapinarle con l'aiuto di un disabile diciassettenne.

Non pochi legionari, dopo il rientro, hanno tracolli nervosi di origine post-traumatica e sbroccano anche di brutto. Come Claudio Campanini, figlio dal vissuto inquieto del noto attore Carlo, denunciato per furto e protagonista di un tentato suicidio nel '59. O come Giuseppe Grana (30), ex-legionario forzatamente ricoverato a Firenze nel '61 cui viene diagnosticata una "psicosi traumatica post bellica per ferita alla testa", e di cui torneremo a parlare tra poco. O come Luigi Pentecani (26), che, nell'agosto 1951 a Milano, uccide a colpi di bottiglia la sua padrona di casa settantenne che lo aveva sorpreso a derubarla. O come Nadir Chiabodo (26), maniaco guardone che ha combattuto in Indocina e che, nell'agosto 1953, vicino a Courmayeur (AO), sorprende la giovane Angela Cavallero (24) mentre, seminuda fra i cespugli, si rinfresca sulla riva alla Dora, e la aggredisce, uccidendola con cinque coltellate alla gola e alla schiena; infierisce poi sul corpo con altre sedici coltellate a raggiera sul petto e con un'ultima, violentissima, all'addome. Poi ne fruga la borsa, sottraendo documenti, soldi e orologio ma lasciando alcuni valori, per poi lavarsi dal sangue e gettare nel fiume l'arma del delitto: un coltello della legione con inciso il suo nome! Viene arrestato il mese dopo. O come Donato Tremamunno (38), anche lui veterano della guerra d'Indocina: ha una collana di denti strappati ai nemici uccisi, colleziona armi e, nell'agosto del 1962, uccide con la sua Beretta 6,35 la moglie e il figlio neonato. Alla donna taglia anche la gola con un coltello. Poi esce di casa e fredda il vicino Antonio Ragone (34) e la di lui undicenne figlioletta Vita. Dopodiché si toglie la vita, lasciato un biglietto che recita "Stramaledico, da vivi e da morti, i miei genitori".

Anche il trentenne Vigilanti prende a manifestare i sintomi di un forte stress post-traumatico subito dopo il suo rientro in Italia: già all'inizio del '61 lo troviamo ricoverato presso l'Ospedale (oggi Opera) di Assistenza per Scarcerati Italiani a Firenze, dove il 30 gennaio tenta addirittura il suicidio.

Di ex-legionari ne troviamo diversi anche a Firenze: fra questi ve ne sono alcuni particolarmente instabili o socialmente pericolosi, quali ad esempio Igino Mazzolai (30), disertore dalla Legione che si dà al banditismo e alla rapina, rendendosi protagonista, nel '54, di una sanguinosa sparatoria coi carabinieri nel quartiere di San Jacopino, in via Rinuccini: verrà condannato a 21 anni. O il disturbato siciliano Mariano Palazzolo (36), ex-legionario e stalker ante litteram, che nello stesso anno cerca e rintraccia, nonostante una diffida della Questura di Torino, la prostituta Valmiria Pellicciari (25) nel bordello fiorentino di via dell'Amorino, dove la uccide con quattro colpi di pistola mentre sono regolarmente appartati per una prestazione. O il torinese Giuseppe Grana (31), cameriere nei pressi di Ponte Vecchio che, lasciato dalla moglie, sbrocca nell'estate del '64: noleggiata una Giulietta e armatosi di pistola e coltello, sequestra due giovani turiste straniere, derubandole di soldi, bagagli e vestiti, e lasciandole nude nelle campagne pisane. Direttosi nelle campagne di Torino si suicida annegandosi nel lago di Avigliana dopo aver noleggiato un motoscafo ed essersi ubriacato: sul natante viene ritrovata anche la sua Beretta calibro 22, che chiamava "la mia migliore amica" quando voleva intimidire qualcuno.

VOGLIO ANDARE A VAIANO

Nel gennaio del '62 Vigilanti si sposa con Elena, la donna con cui vivrà per oltre cinquant'anni e da cui avrà due figli: lascia così il Mugello per stabilirsi prima a Firenze, in centro, e poi, dal '63, nel pratese, a La Briglia di Vaiano: nella stessa località troverà impiego presso il carbonizzo La Conca. Ma la sua non può dirsi una vita tranquilla: sempre nel '63 viene nuovamente ricoverato per una grave crisi nervosa. Nel '64 propone alla redazione pratese de La Nazione il racconto della sua esperienza nella Legione, che viene così pubblicato a puntate sul quotidiano fiorentino.

All'epoca, vicinissimo a dove abita l'ex-legionario, vi è una casa nella disponibilità dei tre fratelli Vinci, dove in quegli stessi anni risiede Salvatore colla seconda moglie e i figli. I due, entrambi soggetti a dir poco ambigui, si conoscono e verranno per motivi diversi sospettati dei delitti del Mostro. Curioso inoltre come lo stesso carbonizzo dove aveva lavorato Vigilanti venga negli anni '70 rilevato dal tedesco Rolf Reinecke, neonazista e collezionista d'armi, scopritore, nell'83, del sesto duplice delitto del Mostro di Firenze.

A posteriori, la zona di Vaiano risulta peculiarmente nevralgica per la malavita sarda come per l'eversione nera e il racket delle bische: già nel '60 vi si era rifugiato, presso una famiglia sarda ivi stabilitasi, il latitante e pluriomicida nuorese Antonino Piu (29) prima di venir scoperto e arrestato.

Nel '74 si verificano in zona arresti di terroristi, rinvenimenti di arsenali clandestini o di esplosivi abbandonati, e un attentato dinamitardo "di chiara matrice neofascista" sulla ferrovia Firenze-Bologna, proprio nei pressi di Vaiano, che per miracolo non fa nessuna vittima. E un analogo attentato, in cui si evita ancora la strage per un soffio, ha nuovamente luogo in zona nel settembre del '78. Quello stesso autunno, l'evaso neofascista Claudio Marucelli trascorre nei dintorni di Vaiano parte della sua latitanza, uccidendo anche il pensionato Tito Pagli. E sempre nei pressi di Vaiano si registrano negli anni '70 diverse rapine e la presenza di varie bische clandestine frequentate anche da banditi armati. E similmente malfrequentati erano i centri limitrofi di Prato, Calenzano e Vaglia, afflitti da episodi delittuosi originati ora dal disagio sociale (fra immigrati e marginali), ora dalla malavita organizzata (specialmente sarda: Ghisu, etc.), ora dalle bische clandestine, ora dai residui del "banditismo militarista" (Mazzolai, Masetti, etc.), ora dall'eversione (Mortati, neofascisti, etc.) con ricorrenti episodi rusticani, sparatorie, rapine, omicidi, strani suicidi, intimidazioni, arresti, fughe e latitanze fra gli anni '50 e '70. Dalla fine degli anni '70 vengono assunti presso locali aziende tessili prima Bruno Baldi e poi suo cugino Stefano, che verrà ucciso dal Mostro di Firenze a Travalle nell'81. E nell'84 una nuova terribile strage di matrice eversivo-mafiosa torna a colpire un treno nei pressi di Vaiano, a Vernio, con l'attentato di Natale al rapido 904.

Ad ogni modo, già nel giugno del '66 Vigilanti lascia la piccola e isolata Vaiano per trasferirsi in città, nella vicina Prato, in via Anile nella zona detta il Cantiere: zona che lo vede ancora vicino ai fratelli Vinci e altri loro pericolosi conterranei, che frequentano assiduamente il famigerato e poco distante "bar dei sardi". Iscritto al MSI, Vigilanti è inoltre di casa presso il locale circolo missino, prendendo a svolgere, dato il suo curriculum, anche mansioni di consulente e operatore per la sicurezza all'interno del partito.

DALLE FOGNE CON FURORE

Dopo La Pira e l'Alluvione, a Firenze lo scenario cambia: la provincia rimane politicamente "bianca e rossa" ma la fine degli anni '60 porta anche la fine di un mondo, con la contestazione giovanile, l'eversione politica e la rivoluzione sessuale. Il fascismo è ormai superato dai tempi e il neofascismo prende a scalciare incazzato e frustrato come non mai, prendendo forme e dimensioni inquietanti anche nel capoluogo toscano, dove la tensione sociale si alza esponenzialmente.

Fra la primavera e l'estate del '67, sono almeno quindici gli attentati incendiari e dinamitardi in città firmati colla svastica: rivendicati come forma di "protesta anticonformista contro i soprusi della burocrazia italiana", hanno luogo di notte in zone residenziali poco illuminate del comune di Firenze (via Massaia, via Masaccio, viale Duse, Via Trento, via Nullo, via Rismondo, viale Redi, via Bixio) a danno di uffici pubblici o auto sportive e ei esercizi commericali appartenenti a benestanti "di razza ebraica o filosemiti"; i danni sono anche ingenti (otto auto distrutte e altrettante danneggiate), ma fortunatamente non ci sono vittime. La coscienza investigativa e giornalistica progredisce dalla visione di "un solo, isolato maniaco" a quella di "un gruppetto estremista", e i responsabili della serie di attentati vengono presto identificati nel fanatico neonazista Mario Degl'Innocenti (32), lattaio proclamatosi "il Fuhrer di Rovezzano", e, per gli attentati seguenti al suo arresto, nei suoi associati/emulatori/continuatori Vito Messina (32) e Roberto Genzini (28), a loro volta arrestati (ma solo dopo che cinque innocenti vennero indicati come complici dal Degl'Innocenti e poi scagionati). Sulle mura della città compaiono anche infami scritte inneggianti al bombarolo ("Heil Degl'Innocenti!"). Rispetto al profilo del certificatamente squilibrato Degl'Innocenti, quello di Messina e Genzini, incensurati e insospettabili, risulta però di ben altro e più allarmante livello: pur calmi e posati, infatti, i due si dichiarano "nemici della società", dispongono di un deposito clandestino di armi, esplosivi e radiotelefoni, ma sopratutto si scoprono essere i ricercati responsabili di un recente sabotaggio ferroviario occorso addirittura in terra piemontese (nei pressi di Villastellone). Certamente appartengono ad una realtà ben più strutturata e organizzata di quel che ammetteranno mai. Negli stessi mesi sono operative a Firenze anche altre cellule eversive di estrema destra, come quella capitanata dal calzolaio Bruno Fiorenzi (61), ex-camicia nera e ex-legionario di Spagna, che si prepara alla guerriglia armata e che, una notte del gennaio '68, assalta la caserma Predieri di Rovezzano, rubando quattro mitragliatori Fall e dodici pistole Beretta. Anche il Fiorenzi e i suoi giovani associati vengono rapidamente identificati e arrestati. Nel maggio '68 viene poi arrestato il neofascista Francesco Hubbard (25), che nella sua casa di via della Pergola nasconde un arsenale con cui rifornisce batterie di rapinatori, a loro volta responsabili di vari assalti a locali istituti bancari o postali (dicembre '67: Cassa di Risparmio di San Piero a Sieve; aprile '68: Banca Popolare di Novara a Casellina di Scandicci; e altre all'Osmannoro, Calenzano, Tavarnelle Val di Pesa).

Alla fine degli anni '60, dunque, Firenze è una città nuovamente inquieta e tormentata: nella proliferazione incontrollata della nuova delinquenza "metropolitana" (fra immigrazione, furti, scippi, rapine, sparatorie, vandalismi, terrorismo, aggressioni sessuali e omicidi), frange della destra eversiva sono già infiltrate e attive in molti ambienti criminali, in primis lo sfruttamento della prostituzione e il traffico d'armi, ma anche nel racket delle bische, e in quelli, pur contesi ai rossi, del contrabbando, della ricettazione e della droga. Questa frangia eversiva e fisiologicamente delinquenziale si assembra nottetempo nelle "aree calde" dell'utenza illegale: la zona di Santa Maria Novella, le Cascine, la Fortezza da Basso, il Parterre, Novoli, l'Isolotto, e i caselli dell'Autostrada. Infine c'è una sorta di racket segreto, di origine più recente, che è quello dei guardoni, diffuso nelle suddette zone urbane ma anche nelle campagne circostanti.

I giornali prendono a solleticare la coscienza e il perbenismo nazionali con doviziose e sconcertanti inchieste su questa realtà sommersa quanto diffusa. Il guardone si afferma così nell'immaginario collettivo attraverso il tam-tam mediatico, che documenta con dissimulata morbosità la nostrana pornoscopia e le sue squallide vicende. Si leggono scorci inquietanti su vere e proprie comunità clandestine, organizzate e autoregolamentate anche a fine di lucro e spesso integrate in più complesse e compatte compagini criminali (ad esesempio la malavita organizzata e in particolare i racket della prostituzione e del traffico di materiale pornografico, all'epoca illegale); sono "i maniaci che spiano le coppiette", solitamente innocui, ma in rari casi anche molto pericolosi, e indistintamente stigmatizzati come "squallidi anormali". Ne emerge una sottocultura complessa e strutturata, con "squadre di controllo" di cinque o anche dieci persone, noleggio di nicchie e postazioni di osservazione sulle piazzole, codici, binocoli, strumenti per registrazioni audiovisive, armi, logistica professionale. E leggi spietate, la cui contravvenzione esita talora in torbidi delitti, che spesso rimangono avvolti nel mistero per la cortina di omertà che necessariamente li avvolge. Nessuno sa e nessuno saprà mai come, perché e chi.

Non solo: ogni tanto si intravede una divisa, sia essa dei carabinieri, della polizia, della forestale, o di un imprecisato corpo militare. Chissà, forse anche della Legione Straniera. O al limite delle squadriglie armate di "campeggiatori" neofascisti. Quasi una leggenda fra i guardoni, la presenza di oscure autorità in uniforme che controllano la situazione è spesso ventilata da evasivi testimoni (Giovannini, Spalletti, Fabbri) nel contesto di indagini che si trovano a interessare questi ambienti.

Quasi spontanea al tempo è inoltre l'associazione fra i guardoni e i similmente marginalizzati omosessuali, segnati da un analogo stigma sociale. Nell'ottica del tempo, si tratta di perversioni ugualmente inaccettabili e dunque coincidenti o conniventi. Il che finisce anche per avere un riscontro nell'innegabile osmosi compartimentale che caratterizza queste realtà (il protettore può essere o diventare guardone, ricettatore, trafficante, prostituto, scambista e viceversa). Un ambiente congenitamente criminogenetico, protetto da una stessa cortina omertosa, che si alza più che mai in caso di fattacci, affossando sistematicamente le indagini sui delitti di guardoni, prostitute e omosessuali. A Firenze in quegli anni se ne verificano e se ne verificheranno diversi (una ventina fra il '62 e l'85, fra cui i delitti Cuomo, Pargoli, Borri, Lupini,

Cavallaro, Lazzarotti, Degli'Innocenti, Monciatti, Borselli, Cuscito, Bassi, Milianti).

Il Mostro di Firenze NON esiste ancora, e le sue future vittime sono soltanto bambini o ragazzini.

Nel giugno del '64 viene scarcerato, dopo tredici anni, Pietro Pacciani, che torna a vivere in Mugello: sposatosi l'anno seguente, si stabilisce a Badia a Bovino presso la natia Vicchio, dove lavora come mezzadro. Per quegli anni, a Firenze, possiamo già serenamente riferire alla ristrettissima minoranza dei simpatizzanti o militanti di destra alcuni personaggi di nostro interesse come Gianpiero Vigilanti, Mario Vanni, il veterinario Bicchielli, Francesco Calamandrei, e alcuni loro amici o compaesani alto borghesi. Lo stesso Mario Spezi, all'epoca studente di giurisprudenza, rievocherà una cena fra goliardi (per la maggior parte missini del FUAN) in cui Calamandrei e altri sancascianesi intesero coinvolgere "per ridere" anche il postino Vanni, che li avrebbe sollazzati con esibizioni canore e nostalgiche. Solo pochi anni prima, lo stesso Mario Vanni era stato arrestato per maltrattamenti in famiglia; i suoi vicini Mazzini e Zecchi avevano testimoniato che la moglie era spesso vittima di "episodi di brutale accanimento" e usava rifugiarsi proprio in casa loro.

E nell'agosto del '68, a Castelletti di Signa, qualcuno fredda Barbara Locci e Antonio Lo Bianco mentre stanno amoreggiando in auto. Gli otto spari all'interno dell'abitacolo lasciano incolume, intenzionalmente o meno, una terza persona a bordo della vettura: il piccolo Natalino Mele, le cui diverse dichiarazioni negli anni non riusciranno mai a portare chiarezza sul delitto, ma contribuiranno a farne condannare il padre putativo Stefano. Con ammirevole lungimiranza, la sentenza riconosce il marito della Locci colpevole ma "in concorso con ignoti". L'arma del delitto non sarà mai trovata.

Ci troviamo di fronte alle premesse di un vero enigma storico, a un delitto che solo dodici anni più tardi verrà eteroinduttivamente reinterpretato (o, per alcuni, risemantizzato) come prima scintilla e presupposto fattuale di un seriore, più complesso e ben congegnato programma omicidiario.

Sia il trentottenne Vigilanti che il quarantatreenne Pacciani risultano a posteriori curiosamente insistenti sul "vicinato" delle vittime e dei sospettati: la stessa Miranda Bugli, all'epoca certamente ma discretamente "stalkata" dal Vampa, abita vicino alle famiglie Lo Bianco e Mele, oltre che davanti al Bar La Posta, abitualmente frequentato dai fratelli Vinci, a loro volta "vicini occasionali" di Vigilanti a Vaiano come a Prato. In tal senso non si è mancato di ipotizzare che l'apparentemente insolubile rebus del delitto di Signa, come le inspiegabili accuse "a corrente alternata" che Stefano Mele rivolgerà volta volta a Salvatore Vinci, Carmelo Cutrona, Francesco Vinci, Giovanni Mele, Piero Mucciarini e Marcello Chiaramonti, possano spiegarsi come "schermi amorali" di un inconfessabile ricorso a "elementi esterni", fidati e professionali, per la commissione del delitto: questi (o uno di questi e comunque in associazione con ulteriori e successivi gregari) si sarebbero poi decisi a impiegare la stessa pistola e lo stesso modello delittuoso per una serie di repliche vuoi per istinto maniacale vuoi, come credo, a fini eversivi o comunque di destabilizzazione sociale.

I CAMPI NERI

In quegli stessi anni, nell'auspicio di un'imminente rivoluzione, guerra civile o colpo di stato (come quello, abortito, ad opera di Valerio Borghese nel dicembre 1970) e con l'intento di allestire reparti operativi all'uopo, prendono piede in tutta Italia i cosiddetti "campi neri", campi-scuola di ispirazione neofascista, veri e propri vivai del nuovo squadrismo sponsorizzati dall'establishment missino.

Gli accampamenti, installati in zone montane e non facilmente raggiungibili (in quanto illegali e dunque rigorosamente clandestini), hanno organizzazione e disciplina paramilitare, con formazioni in squadre e pattuglie, alzabandiera mattutino, cerimonie, canti e parate, uniformi e equipaggiamento militare professionali (con casco, guanti rinforzati, occhiali da sub, pistola, coltello, bastone, chiodi a quattro punte), tende militari, teli mimetici, poligoni improvvisati, trincee scavate e depositi interrati di armi, munizioni ed esplosivi. Fra le attività praticate: perlustrazione notturna, marce, motocross, esercitazioni di tiro (anche al buio), corsi di combattimento (corpo a corpo, con bastone, con coltello, karate), tecniche d'assalto (a edifici, ma anche a veicoli) e di guerriglia (con pratica d'uso di esplosivi), tecniche di spionaggio, analisi politica, pronto soccorso. Se scoperti si rischia l'arresto o nel migliore dei casi una denuncia per apologia di fascismo. Illustrative le perquisizioni condotte nei pressi dei campi scoperti in flagranza di reato, in cui si repertano: centinaia di carabine e pistole, preferibilmente calibro 22, di cui si trovano puntualmente numerosi bossoli nei dintorni; decine e decine di lanciagranate, mitragliatori, bombe a mano; migliaia di cartucce dei suddetti calibri; dinamite a tonnellate e chilometri di miccia per esplosivi; armi improprie (bastoni con punta di ferro, tirapugni), materiale propagandistico, documentazione fotografica delle attività, schede di adesione a Ordine Nuovo o altri gruppi eversivi, registri di merito; svastiche e scritte in tedesco o latino incise o graffite su legno o roccia.

La durata di un campo è di una o due settimane, per lo più durante i mesi estivi (ma non solo). Vi prendono parte decine quando non centinaia di giovani, iscritti al MSI o a gruppi politici della stessa area. Gli istruttori vengono selezionati fra gente adeguatamente preparata e ideologicamente fidata, come ex-repubblichini, ex-parà o ex-legionari, non di rado membri attivi dell'eversione nera quando non della malavita organizzata. In particolare, alcuni "campi neri" tenutisi sul confine italo-francese (sul massiccio del monte Jafferau) e in Corsica fino al 1972 rivelerebbero una sorta di "convenzione" con membri ed ex-membri della Legione Straniera centrati a Marsiglia, ormai polo europeo dell'eversione neofascista.

Come in tutta la penisola, i "campi neri" si tengono dunque, promossi sotto traccia dalla locale dirigenza missina, anche in provincia di Firenze fra la Calvana, Monte Morello, l'Appenino e il Mugello, sulle alture presso Fiesole, Calenzano, Barberino, Scarperia e Firenzuola. Rispetto a altri e più noti che diventano teatro o pretesto di episodi violenti o anche drammatici (come in Lazio, Trentino o Sicilia), quelli in provincia di Firenze, pur occasionalmente scoperti e smantellati, trascorrono in relativa sordina. Uno degli addestratori di questi campi era proprio Gianpiero Vigilanti, che, forte della sua esperienza nella Legione e del suo inquadramento nel partito come consulente e operatore per la sicurezza, a quel tempo svolgeva anche la mansione di autista per Giorgio Almirante quando questo si trovava in Toscana. Uno dei suoi "allievi" è il giovanissimo Claudio Marucelli Di Biasi, che, dopo il riformatorio, viene arrestato a sedici anni, nel '67, perché sorpreso accampato nei boschi di Fiesole, armato e in uniforme fascista. Ma questo non lo ferma, anzi: iscrittosi al MSI di Prato, prosegue il suo addestramento e sviluppa una patologica ossessione per le armi e l'ideologia fascista, finendo per venir nuovamente arrestato nel '70, ormai diciannovenne, sorpreso questa volta sulla Calvana mentre pratica motocross, sempre armato e con la divisa grigioverde della milizia.

Ci sarebbe da chiedersi se in quegli anni non avesse partecipato agli stessi campi anche il suo coetaneo perugino (ma di vocazione "pariolina") Francesco Narducci, che avrebbe anni dopo sposato una Spagnoli, famiglia di noti fautori e finanziatori dell'estrema destra, oltre che presenti nel territorio fiorentino con una fiorente industria dolciaria nei pressi di San Casciano. Proprio gli Spagnoli, con una "cordata" di medici, nobili e possidenti fiorentini, avrebbero finanziato iniziative locali di formazione giovanile come i campi neri.

Più probabilmente parteciparono a questi campi di addestramento altri noti coetanei di Marucelli e Narducci, come Mario Tuti, di cui parleremo più avanti, o anche, mi è stato confidenzialmente riferito, l'uomo poi condannato come autore, negli anni 2000, di telefonate minatorie a sfondo satanico con riferimenti a Narducci e Pacciani, ricevute dall'estetista Dorotea Falso (peraltro sua parente).

Di certo i frequentanti dei "campi neri" imparano a sparare, combattere e maneggiare esplosivi per poi andare ad animare l'eversione nera, ma anche la malavita comune, i racket della prostituzione, e persino l'ambiente dei guardoni. Anzi, specialmente l'ambiente dei guardoni, perché questi ragazzi hanno acquisito anche specifiche competenze di spionaggio e sanno, appunto, spiare, muoversi silenziosamente, stare appollaiati su un albero per una notte intera, come cecchini. Ma anche fotografare, registrare e filmare. E la prospettiva di guadagno dai ricatti è sicuramente allettante.

L'uso di strumentazione all'avanguardia a fini "voyeuristici" viene incidentalmente documentata da denunce e cronache dell'epoca con scorci anche boccacceschi di maniaci o stalker cazziati dalla pula per aver spiato con minicamere e microfoni le persone oggetto della loro ossessione: già nel '71, a Poggibonsi, un fidanzato geloso e appassionato di spionaggio controlla la sua ragazza con microfoni ambientali professionali le cui frequenze, inibite all'uso, vengono intercettate dai carabinieri. Queste e altre strumentazioni vengono impiegate anche nel mondo dei guardoni, al tempo già strutturato in una sorta di racket-ombra con rigorose ripartizioni territoriali, postazioni di osservazione nascoste nella boscaglia, strategie di "blocco" e "pulitura" delle piazzole per renderle ora inaccessibili ora appetibili, e sordide speculazioni fra affitti delle piazzole, ricatti a danno di coppie adulterine (che si guardano dal denunciare), compenetrazioni con il racket della prostituzione. Di solito, dato il contesto, i guardoni sono anche armati.

Claudio Marucelli, che ci conferma l'impiego delle calibro 22 nelle esercitazioni dei "campi neri" fiorentini, in quegli anni si aggira di notte per i boschi della provincia armato di pistola. Iscritto al MSI, frequenta lo stesso circolo missino di Prato dove si reca abitualmente anche Vigilanti e l'epicentro eversivo-criminale di Vaiano, come anche, a suo dire, i dintorni di Scandicci e le località di La Lisca e Montelupo. Sorge spontaneo il dubbio che, dei quasi mitologici "guardoni in divisa" variamente segnalati negli anni da Giovannini, Spalletti e soprattuto Fabbri (che disse di non saper riferire l'uniforme da lui vista nel '77 ad alcun corpo militare al tempo operante sul territorio) potesse essere proprio qualcuno di questi "arditi de noantri" in tenuta paramilitare. Verosimilmente, quello che a Firenze potremmo chiamare "il racket dei guardoni" era essenzialmente gestito da personaggi riferibili all'area di estrema destra. In quegli stessi boschi prendono inoltre a muoversi in quegli anni bande di malavitosi meridionali e sequestratori sardi, come anche il Mostro di Firenze.

Ferocemente avversato da sinistra, Almirante viene considerato fin troppo morbido da una certa destra: nel '71 il giovane architetto empolese Mario Tuti, ad esempio, fino a quello stesso anno iscritto al MSI, decide di lasciarlo, "deluso dalla sua deriva capitalista e borghese", per darsi alla lotta armata. Gruppi armati di vario orientamento si costituiscono a Prato, Pistoia, Firenze, Empoli.

Nello stesso anno Vigilanti acquista una Lancia Flavia coupé grigia, che ridipinge di rosso (ma con le cofanature nere), e nel '72 inizia a lavorare a Careggi, come autista presso la ditta di pompe funebri OFISA (pensa te!). Al contempo segue da vicino le sorti del MSI, di cui è fedele iscritto e consulente per la sicurezza: uomo di fiducia di Almirante, come abbiamo già ricordato è il suo autista quando questo si trova in Toscana. È al suo fianco l'11 aprile del '72, quando, il segretario missino tiene un comizio a Firenze, in piazza della Signoria, e scoppiano dei tumulti interrotti con l'arresto di alcuni facinorosi antifascisti: una piccola vittoria. È ancora al suo fianco il seguente 6 giugno in occasione di un nuovo comizio fiorentino, questa volta al cinema Apollo in via Nazionale: in questa occasione l'oratore repubblichino infiamma la folla auspicando l'imminente ritorno di un nuovo squadrismo. Se ci pensate, l'autista di Almirante non poteva essere un tassista qualunque: ci voleva uno pronto a manovre di ogni tipo come anche militarmente addestrato. A riprova del modus vivendi di Vigilanti basti ricordare le ulteriori denunce a suo carico in quegli anni, per oltraggio a pubblico ufficiale, furto e tentata estorsione; secondo le informazioni raccolte in seguito dagli investigatori, risulterebbe inoltre che in quegli anni obbligasse sua moglie a prostituirsi.

CRIPTOGENESI DI UN MOSTRO: FRA SIGNA E RABATTA

Il Mostro di Firenze NON esiste ancora. Una febbrile temperie socio-culturale fa da scenografia alla sua incubazione: un processo silenzioso – di cui nulla sappiamo – che nel 1974 porterà l'arma di Signa a uccidere, dopo sei anni, un'altra coppia appartata nel placido Mugello.

Ora la nuova criminalità assume forme anarchiche e preoccupanti in una sorta di tutti-contro-tutti, fra malavita organizzata, gruppi politici, Forze dell'Ordine, battitori liberi. Bande di immigrati siciliani, calabresi, campani e sardi si rendono protagoniste di furti, rapine e delitti, contendendosi i racket del contrabbando e delle bische come le zone di spaccio e le rispettive clientele, anche a colpi di pistola. Numerose le rapine agli istituti bancari (fra altre: Casellina '70, Scandicci '70 e '71, Lastra a Signa '71, Calenzano '71, San Donato in Poggio '72, Stazione SMN '74), condotte da gruppi politici ma anche dai suddetti criminali comuni. Almeno sei gli omicidi di malavita nella provincia fra il '70 e il '76 (delitti Magheri, Gullà, Musu, Basile, Casella, Sette) e almeno tre i criminali abbattuti dalla polizia (Francesco Ghisu nel '73, Carlos Gomes nel '73, Luca Mantini nel '74). La violenza criminale si confonde con quella politica: gli scontri fra militanti sono anch'essi violenti e talora non meno tragici.

E poi ci sono omicidi atipici e particolarmente misteriosi, almeno cinque, che rimangono irrisolti (delitti Chiti, Escobar, Zanobini, Provvedi, Lupini). Lo scenario, in effettiva controtendenza con queste istanze minoritarie ma preoccupanti, è quello di una Firenze proiettata verso una dimensione "metropolitana" e progressista, con l'esplosione industriale e edilizia nelle periferie agricole e un notevole afflusso di immigrati, fra contestazione giovanile, rivoluzione sessuale e dei costumi. E soprattutto emancipazione femminile. Costumi e morale sessuale attraversano il cambiamento più epocale della Storia e questo alza non di poco la tensione sociale. Sono i tempi, anche a Firenze, della "questione uterina", che contrappone la destra e il mondo cattolico alla sinistra progressista e ai radicali; i tempi delle cliniche clandestine per aborti (con arresti di medici, infermiere e militanti radicali) e dei processi agli editori di riviste erotiche (con perquisizioni e requisizioni, nel novembre '73, nelle redazioni fiorentine dei magazine Pop, La Coppia, Le Ore, Playmen e Superlesbo). Circolano già illegalmente anche le prime videocassette porno (su formato VCR o Betamax), la cui vendita, come quella di ogni materiale pornografico, rimarrà illegale in Italia fino al '77.

Intanto a Firenze e nei suoi dintorni si muove strisciante un Mostro crudele e morboso, di chiara origine posttraumatica. Qualcuno che ama far del male. La violenza prevaricatrice, l'invidia malata, la libidine deviata, colpiscono a tradimento accanendosi in particolare sulle donne. Causano un certo allarme i diffusi casi di molestie o aggressioni a ragazze o bambine (molti anche non denunciati): lo stalking esiste ma non si sa come chiamarlo. E se tutto il mondo è paese, a Firenze questa cosa ha i suoi tratti specifici, più localmente definiti. Dar noia alle ragazze... dar noia alle ragazze... far loro del male, seviziarle, torturarle, profanarle. In una prospettiva puramente criminologica, l'istanza motivatrice degli omicidi delle coppiette non sarà poi così diversa da quella degli altri Mostri di Firenze, che in quegli anni di rivoluzionaria emancipazione femminile prendono crudelmente di mira le donne e la loro sessualità, scaricando le proprie deliranti frustrazioni su più deboli e incolpevoli vittime. Basti pensare ai casi dei soli sei anni dal '68 al '74.

Dal "maniaco col pugnale" Rino Salvo (25) al "cecchino della porta accanto" Mario Bottai (37): il Salvo assale alcune donne nei pressi di Monte Morello e viene arrestato nel dicembre del '68 dopo aver aggredito, denudato e terrorizzato la malcapitata Francesca Sciortino (28); il Bottai, metronotte paranazista, cacciatore e collezionista d'armi, nel novembre del '70, a Legnaia, si apposta in tenuta da caccia alla finestra e spara sette colpi col suo fucile automatico Franchi contro un'intera famiglia di vicini con cui era in conflitto, uccidendo una donna e ferendo un ragazzo. Dal quasi innocuo e ignoto "maniaco della cerbottana", che nelle sere del settembre del '70 bersaglia con spilli i glutei di avvenenti passanti nelle zone residenziali della città, all'inquietante "maniaco del punteruolo" o "bucaseni", come la stampa chiamava il disturbato Stefano Rabizzi prima che venisse identificato e arrestato nel gennaio del '74: lui, che invece aveva scelto per sé il più evocativo nome di Cornelius, con cui firmava i suoi deliranti messaggi a giornali e autorità, è un ventenne ossessivamente misogino che aggredisce diverse studentesse con un coltello fra via Bolognese e il centro storico, e uccide a Coverciano la disabile psichica Bruna Bruni, dopo averla torturata a lungo: verrà trovata completamente nuda, coperta di ustioni e ferite, con un ramo d'ulivo cinto attorno al collo.

Dall'ortolano Alfredo Zipoli, che nel '70, a Londa, uccide la moglie trentaduenne Anna Cemboli con venti coltellate al petto e al ventre, allo spietato Elio Grassi, che, rifiutando l'avvenuta separazione dalla moglie, nel '73, armato di due Beretta calibro 22, uccide la donna a Rifredi per poi assassinare, a Pratomagno, il loro figlio undicenne e un passante, togliendosi infine la vita a sua volta.

Dal vitellone Alberto Bacci (che nel '71 uccide a bastonate la nonna Ada Bonanni che lo aveva rimproverato, dicendo di averla vista trasformarsi in un mostro) allo sconosciuto strangolatore che nel '72 uccide la diciannovenne latinoamericana Miriam Ana Escobar, abbandonandone il corpo nei pressi di via Bolognese.

Negli stessi anni un ignoto e per fortuna non letale "Womanbomber" invia, da località fra Pisa e Firenze, lettere esplosive a starlette del cinema nudo e a funzionari donne di uffici postali, procurando solo lievi ferite (ultimo episodio alle poste di Tavarnuzze nell'ottobre del '73 a danno della giovane direttrice Laura Lastrucci). E lo posso dire che esprime idee pseudomoralistiche, reazionarie, di destra? No? Eppure, anche nel metodo, è immediatamente associabile all'anonimo certamente neofascista che nel gennaio del '73 invia lettere esplosive a La Nazione di Firenze e al Mattino di Napoli, se non con esso addirittura identificabile; a ogni modo doveva essere dotato di competenze specifiche in fatto di inneschi e detonatori "imbustabili", ed esprime quella stessa smania di colpire anonimamente una giovane donna o una serie di giovani donne come i succitati merdoni e come il Mostro di Firenze, né più né meno.

E così via, dal violentatore della borghigiana Daniela Baldi agli stupratori di gruppo attivi da Marradi alla Versilia; dai molestatori di ragazze o bambine (che per decenni spuntano qua e là fra parchi, luna-park, piscine e giardini pubblici) fino al più recente epigono della maniacalità fiorentina, Riccardo Viti, che nel 2014, sevizia, impala e crocifigge la ventitreenne Andrea Zamfir per il solo gusto di sfogare le sue fantasie sadiche. Di quest'ultimo valga però ricordare, per non far di tutta un erba un fascio, che era stato militante comunista.

Tornando al contesto che prelude ai delitti del Mostro, la più sinistra delle anticipazioni è l'attacco a una coppia appartata nelle campagne di Pozzolatico a opera del disturbato e pregiudicato Claudio Marucelli nell'aprile del 1973. Lo "squilibrato guardone missino", come viene chiamato dai giornali, ferisce con sei colpi di pistola il ragazzo che, scopertolo, era sceso dall'auto. Già denunciato per apologia di fascismo e maltrattamenti in famiglia, viene condannato a otto anni. Nel suo appartamento viene ritrovato un piccolo arsenale, fra pistole, pugnali, carabine, ma anche gagliardetti e divise fasciste. La moglie, che lo aveva lasciato poche settimane prima del fatto, lo descrive come un esaltato militarista ossessionato dalle armi, che "sparava contro il muro quando voleva fare l'amore". Il caso di Marucelli è peculiare perché inquadra lo scenario dei guardoni armati come anche il contesto ambientale, la vittimologia e il tipo di arma che caratterizzeranno i delitti del Mostro. E si tratterebbe di un giovane addestrato da Vigilanti, certamente di un giovane che aveva partecipato ai campi neofascisti di Fiesole e Scarperia.

LA STRADA PER LE FONTANINE

Dal '74 (mentre il massone e fascista Licio Gelli è a Firenze come console onorario argentino, investito di immunità diplomatica e già impegnato in colloqui e reclutamenti per il suo Piano di Rinascita Nazionale) l'eversione nera in Toscana assume definitivamente lo status di minaccia pubblica, con attacchi senza precedenti. In aprile, con un attentato dinamitardo sulla tratta ferroviaria Firenze-Bologna, nei pressi di Vaiano, la strage è soltanto sfiorata, ma si compie tragicamente il 4 agosto seguente, coi 12 morti e i 48 feriti del famigerato attentato al treno Italicus, sempre sulla tratta Firenze-Bologna, presso San Benedetto Val di Sambro. La bomba è stata sistemata nella quinta carrozza del convoglio alla stazione di Santa Maria Novella. Come verrà in seguito stabilito da una Commissione Parlamentare: "la strage dell'Italicus è ascrivibile ad una organizzazione terroristica di ispirazione neofascista o neonazista operante in Toscana; la Loggia P2 svolse opera di istigazione agli attentati e di finanziamento nei confronti dei gruppi della destra extraparlamentare toscana, ed è responsabile della strage dell'Italicus in termini non giudiziari ma storico-politici, quale essenziale retroterra economico, organizzativo e morale".

Dalla sentenza di appello del relativo processo (1986): "In primavera, nel momento di maggiore tensione, iniziò una serie di attentati terroristici, via via sempre più gravi, rivendicati da Ordine Nero. Gli attentati erano tutti in funzione di un colpo di stato previsto per la primavera-estate '74, con l'intervento «normalizzatore» di militari in una situazione di tensione portata ai grandi estremi". A maggio due telefonate avevano lanciato falsi allarmi in merito a bombe su treni o tratti di ferrovia della FI-BO, mentre a giugno due giovani neofascisti erano stati sorpresi presso Prato in una 500 carica di esplosivo e armi da assalto; a luglio, sempre a Prato, il titolare missino di un negozio di caccia e pesca era stato trovato in possesso di un arsenale illegale e arrestato. E in agosto seguì all'attentato dell'Italicus un comunicato a firma Ordine Nero inoltrato all'ANSA di Firenze, che recitava: "I Commandos di Ordine Nero sono pronti a intervenire con estrema semplicità, durezza e fredda decisione contro chiunque osi opporsi".

Episodi di sabotaggio, attentati esplosivi, rapine, scontri, sparatorie, accoltellamenti e vandalismi di matrice neofascista si verificheranno poi nei mesi seguenti a Firenze, Pontassieve, Scandicci, Empoli o Incisa Valdarno come ad Arezzo, Pistoia, Massa, Livorno, Viareggio, e altrove nella regione. L'eversione nera in Toscana è ormai organizzata in una rete di militanti e simpatizzanti, con centri operativi, arsenali, campi di formazione, infiltrazione nelle istituzioni, contatti internazionali.

E la mattina di sabato 14 settembre, a Pisa, un pacco incendiario dal sofisticato innesco ferisce il professor Sergio Faggiani, ordinario di fisica alla locale facoltà di ingegneria e destinatario della spedizione. Un fatto tutto sommato secondario rispetto a quanto accadrà quella stessa sera nelle campagne fra Borgo San Lorenzo e Vicchio, dove ha luogo il più atroce, misterioso e inconcepibile delitto della storia toscana. Almeno fino a quel momento. Sì, perché l'isolato e atipico massacro di Rabatta (in cui due fidanzatini neanche ventenni vengono uccisi e il corpo della ragazza viene fatto oggetto di un morbosissimo scempio a connotazione sessuale) troverà inaspettatamente, negli ancor lontani anni '80, ben sei e non meno atroci repliche.

Ora, come noto e come recentemente riargomentato, Stefania Pettini era comunista convinta. Suo padre Andrea era un ex-partigiano. Ma questo, secondo molti, sarebbe un aspetto casuale e non riferibile alle istanze motivazionali dell'omicidio. Nondimeno, il vilipendio del cadavere di Stefania presenta una pratica, il tralcio di vite infilato in vagina, che risulta riscontrato in Italia solo nelle pratiche desecratorie riservate dalle Brigate Nere alla popolazione civile e femminile in occasione della strage di Vinca. A questo punto varrebbe forse la pena di meglio contestualizzare il delitto nell'estate e nel territorio in cui ha luogo. Già, perché quel sabato praticamente tutta la comunità mugellana attendeva di festeggiare l'anniversario trentennale della locale Liberazione dal Nazifascismo. Che coincidenzuola, nevvero? Quasi che qualcuno intendesse rovinare proprio quella festa, cui Stefania e la sua famiglia avrebbero gioiosamente partecipato fin dalla mattina seguente. Molti convintoni preferiscono pensare a un serial killer unico spinto dalle proprie fantasie sessuali, ma di recente si è a mio parere giustamente tornati a leggere questo duplice omicidio come un delitto commesso "da più di una persona". Forse, infatti, si trattò di un gesto essenzialmente dimostrativo e antisociale: propriamente terroristico, in quanto programmaticamente mirato a colpire le vittime non meno che la loro comunità.

Il delitto di Rabatta nel '74 verrebbe compiuto con la stessa pistola usata nel '68 per il delitto di Signa. E se qualcuno nutre dubbi al riguardo della pistola, valga rilevare allora la singolarmente coincidente vittimologia: anche questa volta vengono uccisi due amanti appartati in auto nella campagna, sia pur con sostanziali differenze nel *modus operandi* e nell'apparente istanza motivazionale. Non è questa la sede per giustificare ulteriormente la connessione fra i due delitti: il problema, piuttosto, è quello di capirla e spiegarla. Che relazione ha l'assassino del '74 con quello del '68? È la stessa mano a sparare?

Di certo la vicenda giudiziaria di Signa sembrava essersi conclusa proprio nella primavera del '74, con la condanna definitiva di Stefano Mele. Ma la sentenza specifica un piccolo inquietante particolare: Mele, quantomeno, avrebbe ucciso in concorso con ignoti. Del resto, non seppe o intese mai indicare dove si trovasse realmente la pistola che aveva ucciso sua moglie e il di lei amante. La chiusura ultima del caso giudiziario sembra quasi dare il via libera all'assassino di Rabatta, dove si avrà una sorta di replica, con variazioni, del modello omicidiario di Signa. Fu una scelta programmatica e una fantasia covata quella di replicare il duplice omicidio di una coppia appartata in auto impiegando quell'arma per un analogo bersaglio? Possiamo rispondere affermativamente: una fantasia che fa di quel modello un archetipo da meglio esperire, perfezionare e sviluppare in un ancor più compiaciuto "sacrificio umano", di violenza iconica, simbolica, anche estetizzante. Di certo memorabile nel peggiore dei sensi.

Una possibile anticipazione dell'imbeccata anonima che nell'82 consentirà l'attribuzione del delitto di Signa alla pistola che uccide le coppiette riscontriamo nella telefonata, parimenti anonima, che segnala, all'indomani del delitto di Rabatta, la presenza in zona di un guardone sardo. La segnalazione, priva di riscontri, non ha seguito. Ma va necessariamente presa in considerazione come primissimo tentativo di indirizzare discretamente le indagini sul contesto sardo e suggerire indirettamente il collegamento coi fatti di Castelletti.

Di certo, il delitto di Rabatta ha luogo nel momento di più intensa e feroce attività dell'eversione nera nella provincia fiorentina: c'è il gruppo eversivo Ordine Nero, responsabile di attentati stragisti (in primis quello dell'Italicus) e altri delitti, o la banda di poliziotti neofascisti Drago Nero, con base logistica in via Senese, certamente coinvolta in almeno sette rapine a uffici postali, banche, treni o esercizi privati come di un'evasione con conseguente sparatoria alle pendici di Monte Morello, e possibilmente (ma le sentenze lo negheranno) in vari attentati di matrice neofascista. Gli imputati, i poliziotti Bruno Cesca e Filippo Cappadonna, difesi da Rosario Bevacqua e Antonino Filastò (e secondo alcuni coperti addirittura dal SISDE o da magistrati collusi), vennero condannati per crimini comuni.

Nel gennaio del '75, a Empoli, il terrorista Mario Tuti, numero uno dell'eversione nera in Toscana e implicato nella strage dell'Italicus, uccide a colpi di mitra i due agenti di polizia Falco e Ceravolo, presentatisi a casa sua per una perquisizione. Datosi alla latitanza, già in aprile organizza un nuovo attentato dinamitardo su binari ferroviari presso Incisa Valdarno e è una nuova mancata strage. Condannato all'ergastolo in contumacia nel maggio seguente, Tuti viene arrestato a luglio in Francia, dopo un'ultima sparatoria, in cui viene ferito. Negli stessi mesi continuano qua e là in Toscana gli attentati neofascisti: a Pistoia, Viareggio, Lucca, Torre Del Lago, Incisa Valdarno.

Un'altra tipologia di personaggi che si impone necessariamente al nostro interesse è quella, si sarà forse già intuito, dei collezionisti d'armi come Vigilanti, Marucelli, Reinecke e di altri personaggi citati finora, troppo spesso esaltati oplofili legati alla destra eversiva. Uno fra i tanti esempi disturbanti della categoria è l'appuntato Antonio Sinicopri, militare di ideologia estremista, che nel '76, al culmine di una discussione politica col cognato comunista, gli spara cinque colpi di calibro 22, ferendolo gravemente.

Un'altra mancata strage neofascista avrà poi luogo nel settembre del '78, sempre nei pressi di Vaiano, con un attentato dinamitardo sui binari diretto contro il treno Conca D'Oro, sempre sulla "tratta maledetta" Firenze-Bologna. Un mese dopo evade dal carcere Claudio Marucelli: col criminale catanese Antonino Saporito si dà a un'avventurosa latitanza di alcuni mesi fra Vaiano, Vernio e l'Appennino, commettendo un omicidio, una rapina e un sequestro simulato. Catturato, si dichiara "partigiano in camicia nera" e viene condannato a 22 anni di reclusione (come da richiesta del PM Vigna). E nel dicembre '79, vengono arrestati a Prato una dozzina di studenti neofascisti per associazione eversiva e detenzione illegale di armi, fra cui quattro calibro 22 e numerosi coltelli.

LA STAGIONE DEI SEQUESTRI ('75-'81)

In una sorta di "competizione terroristica" coll'eversione neofascista, iniziano a colpire Firenze anche feroci bande di sequestratori, per lo più sardi ma anche locali e di altra origine, che danno inizio a una lunga stagione di paura, con quattordici persone rapite, di cui quattro barbaramente uccise. Dal '75 all'81 abbiamo sequestri a Greve in Chianti (De Sayons, '75), Calenzano (Pierozzi, '75), Prato (Baldassini, '75), Lastra a Signa (Banchini, '76; Ciaschi, '80), Montespertoli (Martellini, '76), Empoli (Olivari, '77), Firenze-centro (Andrei, '77; Raddi, '78), Tavernelle Val di Pesa (Manzoni, '78), Barberino Val d'Elsa (Kronzucker-Wachtler, '80), Certosa (Tesi Mosca, '81), e prigionie in Calvana, in Mugello, sulla Futa o nel pistoiese. Altri sequestri vengono poi sventati a Borgo San Lorenzo e Impruneta. Dopo difficili e faticose indagini, almeno trenta persone, per lo più sardi, specialmente nuoresi, ma anche campani, calabresi e toscani, verranno arrestate e condannate entro il 1982: dei principali responsabili, solo Mario Sale rimane tutt'oggi latitante. Come chiarisce il procuratore Fleury, più che di un'unica organizzazione si tratta di "una serie di gruppi che si sciolgono e si ricompongono con diversi latitanti, custodi, basisti, fiancheggiatori". Fra questi ultimi anche malavitosi locali o comunque non sardi, che partecipano attivamente o garantiscono supporto logistico nei sequestri, coperture, spazi o locali sul territorio, e, soprattutto, il vitale riciclaggio di denaro: è il caso di Giovanni Calamosca (presso la cui residenza nelle campagne di Firenzuola si riuniscono o nascondono sequestratori e latitanti), Gandolfo Terranova di Lastra a Signa (basista per il sequestro Pierozzi), Natalino Masetti di Prato (boss locale imparentato colla, e associato alla, nota famiglia sarda dei Ghisu), Andrea Zecchi ("rappresentante di spicco della mala fiorentina"), e Gianfranco Pirrone di Roma (riciclatore dei soldi dei riscatti, candidato col Nuovo Partito Popolare e "trombato, ma per pochi voti, alle elezioni"). E se Mario Sale giustificherà i "suoi" sequestri con un pur delirante piano eversivo d'ispirazione comunista (Giorgio Sgherri arriverà addirittura a ipotizzare suoi contatti colle Brigate Rosse, serenamente escludibili), questi suoi associati "continentali" risulterebbero in contatto cogli ambienti della destra eversiva operante nello stesso "ridotto centroitalico dell'illegalità": e, curiosamente, sono di destra gli avvocati che nel '79 difendono i principali imputati per i sequestri fiorentini. Fra le seconde file e i contatti di questa filiazione dell'Anonima, troviamo poi piccoli malavitosi sardi gravitanti fra il pratese e l'Appennino, fra cui Carmelino Sanna, Antonio Mura, Giuseppe Barrui e Francesco Vinci. Nel '76, Vinci e Calamosca vengono unitamente accusati del duplice omicidio del boss sardo Natalino Sechi e della di lui figlia quattordicenne Lorella: incarcerati, vengono scagionati e rilasciati solo dopo diversi mesi. Un fronte compatto dell'omertà fra distinti ma similmente rigorosi (e similmente antisociali) "codici d'onore", la cui impenetrabilità verrà del resto infranta dalle rivelazioni incontrovertibili non di un sardo o di un toscano, ma del pregiudicato campano Giuseppe Buono.

Tanto certe quanto mai verificate e in buona parte sconosciute rimangono dunque le interrelazioni fra malavita sarda e malavita fiorentina in quegli anni. Di certo il riciclaggio dei riscatti interessò, oltre ad alcuni istituti bancari, anche diverse case da gioco illegali, il cui racket era in quegli anni animatamente conteso fra malavitosi calabresi, siciliani, e elementi del neofascismo locale. Da anni, del resto, l'estrema destra controllava, in Toscana come altrove, la malavita comune, i racket della prostituzione, dei locali notturni e dei cinema a luci rosse.

E proprio da questo scenario sommerso di bische e nightclubs originano altri fattacci che in quei tragici anni si verificano, sovrapponendosi ai sequestri e al terrorismo, a Firenze (delitti Raggi Lai e Lupini, '76; delitti Cavallaro e Lazzarotti, '80), Galluzzo (rapina in una bisca, '76), Calenzano (sparatoria, '76), Lastra a Signa (omicidio Sette, '76), Campi Bisenzio (omicidio Cavatato, '78), Vaiano (rapina in una bisca, '78) e altrove nella provincia. Lo stesso sequestro Pierozzi a Calenzano era nato nel contesto delle bische frequentate dalla malcapitata vittima.

CAMERATI DI MERENDE

Al contempo, nello scenario storico caratterizzato da istanze femministe e dalla diffusa presa di coscienza contro la radicata oppressione della dignità femminile, l'estrema destra contrappone, in linea di massima, un fallimentare ma incisivo rigurgito reazionario, nella continuazione clandestina delle case di prostituzione come anche nell'occasionale impiego dello stupro come mezzo di controllo se non addirittura come metodo terroristico (celebre il caso di Franca Rame). A sfidare i picchiatori fascisti arrivano anche i deboli ma indomabili radicali, che promuovono la creazione di cliniche per aborti e la loro legalizzazione, che diviene realtà nel '78.

Stupri e molestie, anche di gruppo, anche a danno di coppiette, si verificano con preoccupante frequenza a Firenze, Scandicci, Borgo San Lorenzo, Fucecchio, spesso, ma non sempre, in contesti altamente disfunzionali quando non incestuosi. In questi anni esercitano una criminale violenza fra le mura domestiche o nei rapporti di vicinato anche personaggi come Pietro Pacciani, Gianpiero Vigilanti, o Mario Vanni. Di loro in questi anni sappiamo pochissimo, ma quanto sappiamo basta a collocarli sicuramente nel ristretto (e in certo senso "vincolante") bacino d'azione temporale, territoriale e ambientale in cui colpirà il Mostro di Firenze.

Vigilanti e Vanni, che non risultano documentatamente connettibili, conoscono entrambi Pacciani e sono entrambi certamente riferibili all'area missina (sia pur in termini diversi). Pacciani, inoltre, si accompagna abitualmente all'ex-maresciallo dei carabinieri Francesco Simonetti e all'appuntato Filipponeri Toscano del comando di San Casciano, con cui frequenterebbe osterie, ristoranti e prostitute nella zona, ma anche a Firenze o in Mugello. Orbitanti nello stesso ambiente "liminale" di Pacciani, fra boschi e piazzole del contado e case di prostituzione fiorentine, sono all'epoca anche il neopatentato Giancarlo Lotti, l'oligofrenico Fernando Pucci, il pregiudicato Salvatore Indovino (stabilitosi nel '78 a Faltignano) come anche il più "rispettabile" omosessuale Giovanni Faggi (proveniente dall'ambiente comunista ma allontanato per le sue inclinazioni) o l'autista di ambulanze Enzo Spalletti o l'intagliatore Giovanni Mele. E forse anche il giovane medico perugino Francesco Narducci. La vita notturna in città ferve come mai prima: le Cascine sono l'epicentro incontrastato della trasgressione e dell'illegalità fiorentine, ma si segnalano come non meno loscamente trafficate anche le zone di Santa Maria Novella, dei Viali, del Parterre e della Fortezza da Basso. La "rete dei guardoni", implicata anche nello sfruttamento della prostituzione e in altre attività illecite o equivoche, è una realtà a Firenze come altrove. Nel '78, in provincia di Macerata, un atipico e anonimo Club dei Guardoni si autoproclama addirittura guardiano della morale locale, lasciando volantini con elencati nomi e cognomi delle persone coniugate da loro sorprese in rapporti adulterini. Una trasposizione dell'iniziativa in chiave televisiva sarà in quegli anni il pruriginoso "TG dei becchi" su Tele Libera Firenze.

L'istanza di una serialità omicidiaria pseudonimica, politicamente motivata e latentemente sessuofobica irrompe in Italia con il duo neonazista Ludwig, cioé i giovanissimi altroborghesi laureati Wolfgang Abel e Marco Furlan, che in Nord Italia maturano un progetto eversivo di pulizia sociale e avviano dal '77 una serie di truci massacri a scansione annuale, che fino all'84 colpiranno tipologie vittimologiche pretestuosamente identificate come immorali e meritevoli di morte (tossici, squatter, discotecari, frati, prostitute). Della stessa generazione e estrazione sociale, se pur di ben più bassa formazione, sono i tre pariolini noti come i Mostri del Circeo, Angelo Izzo, Gianni Guido e Andrea Ghira.

Ora, è importante ricordare come la fuga e la latitanza di alcuni di questi diabolici assassini siano state zelantemente garantite da organizzazioni di estrema destra: pensa te! Sostegno e supporto incondizionato per giovani mostri ammazzapersone. Già: l'assassino Gianni Guido scappa a Buenos Aires con l'aiuto dei neofascisti, l'assassino figlio di papà Andrea Ghira si arruola, udite udite, in Legione Straniera, e l'ammazzapreti Marco Furlan riesce a nascondersi a Malta sempre grazie ai suoi contatti di estrema destra. I fasci che proteggono i fasci, anche i più spietati e bestiali assassini, così giustificandoli, proteggendoli, tutelandoli. Alla stessa generazione e tipologia appartengono varie altre facce di bronzo tipo Giusva Fioravanti: giovani, ricchi, belli e diabolici. Il più inaspettato prodotto della Resistenza e del Dopoguerra esplode puntualmente nella nuova generazione. In questo senso, vale la pena tornare a concentrarsi sugli ambienti neofascisti fiorentini di quegli anni. Fra i personaggi menzionati finora possiamo ricordare Vigilanti, Marucelli, Reinecke e Tozzi: questi ultimi due sono facilmente riferibili al contesto altoborghese che in questi anni estende la sua influenza sul jet-set, dove i simpatizzanti fascisti non mancano. Eversione e mondo dello spettacolo si compenetrano: ferma restando una sorta di monopolio culturale del centro-sinistra, non pochi Vip simpatizzano coll'eversione di destra. Si pensi a Pasquale Squitieri, al suddetto Fioravanti, o, per il contesto fiorentino, all'implicazione, nelle indagini sulla banda del Drago Nero, di Patty Pravo e del suo compagno Riccardo Fogli, il cui fratello Luciano, simpatizzante neofascista, gestiva il ristorante di Via Senese che la banda di poliziotti-terroristi aveva eletto a proprio quartier generale.

Una "cordata di benestanti e potenti" sovvenziona l'estremismo: fra questi oscuri finanziatori vi sono medici, cineasti e professionisti insospettabili, solo raramente scoperti (alcuni arresti in tal senso hanno luogo negli anni '70 fra Firenze e Pisa). Importante è anche la trasversalità delle gerarchie neofasciste: l'isolamento politico giustifica frequentazioni e sodalizi interclassistici. In questo contesto, capita pertanto che personaggi di profilo relativamente anonimo, come Vanni o Vigilanti, potessero tranquillamente e abitualmente frequentare persone di più alto livello sociale, come Calamandrei, Spezi, Narducci o lo stesso Almirante, fra ristoranti, comizi, circoli del MSI, poligoni, armerie, bische, bordelli clandestini. Vigilanti si concede anche la famosa comparsata nel film Amici Miei, pur realizzato da un team di veri militanti comunisti; dal 1980 smette ufficialmente di lavorare e inizia a percepire una pensione "per malattia", apparentemente per i suoi disturbi nervoso-depressivi.

Non è certo questa la sede in cui soffermarsi sui non meno torbidi retroscena dell'eversione rossa e anarco-insurrezionalista, attiva per anni nella provincia fiorentina con gruppi armati, attentati a uffici pubblici o stabilimenti industriali, rapine, e, fra il '78 e l'86, isolati ma efferati delitti (un agente di polizia a Firenze, un notaio a Prato, un ex-sindaco gigliato a Fiesole). A Rifredi, in via Barbieri, si trova poi uno dei principali centri operativi delle Brigate Rosse negli anni caldi '77-'79. Lo stesso capo della filiazione fiorentina dell'Anonima sarda, Mario Sale, si proclama marxista, comunista e gramsciano nei suoi comunicati. Di certo si collocano già in area extra-parlamentare di sinistra i giovani Natalino Mele e Massimiliano Vargiu.

Sconcertante scheletro nell'armadio della "sinistra deviata" è fin dagli anni '70 la comunità mugellana del Forteto, che sale agli onori delle cronache già dal novembre del '78 con gli arresti di Rodolfo Fiesoli, Luigi Goffredi e Marco Vannucchi per "una lunga serie di reati a sfondo sessuale". La prima vicenda giudiziaria del Forteto verrà "delimitata" da due delitti del Mostro, coi processi e le condanne dei suddetti (per atti contro la morale) che appunto interessano le cronache locali. dal giugno all'ottobre dell'81.

IL REGNO DEL TERRORE

Nel 1980 Firenze brulica di guardoni ma nessuno ci fa caso più di tanto: alcune coppiette subiscono rapine, molestie o fanno incontri inquietanti, ma niente lascia presagire il ritorno del fantasma di Rabatta e tantomeno la più terrificante serie di delitti mai vista in Italia. Eppure, proprio in questo inizio degli anni '80 e in quelle piazzole di campagna dobbiamo necessariamente ricercare le premesse immediate di quello che sarà e farà il Mostro di Firenze. Un così deliberato, efficace, sistematico e continuato piano omicida ha per certo in questi mesi una fase di decisiva motivazione, pianificazione e organizzazione.

Nel 1981 l'ormai dimenticato Stefano Mele torna in libertà: nei mesi che seguono, i duplici delitti di Mosciano e Calenzano sconvolgono Firenze, tanto più quali disturbanti e programmatiche repliche del delitto di Rabatta. Chi uccide è uno stratega lucido e distruttivo, un preparato e determinatissimo agente del Male. Il Mostro di Firenze è una persona addestrata e esperta, che sa come mimetizzarsi di giorno e nascondersi di notte. È questo un presupposto fondamentale per poter concepire deliberatamente e con successo un piano criminale così diabolico e ancor oggi largamente privo di spiegazioni.

Ogni piazzola colpita dal mostro è notoria meta di voyeurs e le prime indagini sui delitti di Rabatta, Mosciano, Travalle e Baccaiano, portano invariabilmente alla pista dei guardoni. Tutte le quattro coppie (in un caso la sola ragazza) risultano infatti aver avuto incontri spiacevoli proprio con indiani o molestatori vari nei giorni o nelle settimane precedenti la loro morte (così come risulterà anche per l'ultima coppia italiana uccisa, quella dell'84). Non solo: avvistamenti diversi e concordi testimoniano quasi sistematicamente la presenza di persone o auto sospette nei pressi della scena del crimine nelle ore immediatamente precedenti o seguenti i massacri. Un brulicante mondo sconosciuto ai più emerge da indagini, retate e giornali, fra guardoni, guardoni di guardoni, maniaci, pistoleri, puttanieri, buontemponi, segnalatori anonimi e figure sospette. Si sospetta di tutti: guardiacaccia, medici (specie chirurghi e ginecologi), camionisti, necrofili, impiegati, macellai, tossici, attori, stupratori. Eppure, a quanto risulta, delle centinaia di persone identificate in anni di frenetica investigazione, nessuno dei cosiddetti Compagni di Merende verrebbe mai identificato o segnalato fino a dopo l'ultimo delitto. Diversamente, Gianpiero Vigilanti sembrerebbe entrare nel radar investigativo quando il Mostro è ancora in azione, forse già dai tempi del delitto di Calenzano, di certo a seguito di "segnalazioni da più parti", ma non disponiamo di dati precisi in tal senso fino al novembre '85. Valga qui specificare come l'auto dell'identikit sia stata fin dall'inizio descritta dal guidatore che la incrociò (Gianpaolo Tozzini) come "un'Alfa rossa col cofano nero, ma avrebbe potuto essere anche una Lancia", e dunque corrispondente a quella di Vigilanti.

A ogni modo, dopo il mezzo passo falso di Baccaiano e le strane telefonate al soccorritore Allegranti (di origini vicchiesi e conoscente di Miranda, Pietro e Gianpiero), qualcuno suggerisce agli inquirenti di riprendere in considerazione il duplice delitto di Signa.

Il conseguente collegamento fra quel delitto e la serie del Mostro pare tanto sorprendente quanto convincente, e indirizza le indagini per gli anni a venire: risultò doveroso l'arresto di Francesco Vinci, già amante di Barbara Locci e accusato dal Mele del di lei assassinio, pluripregiudicato i cui molteplici periodi di reclusione non si sovrappongono mai ai delitti, già trovato in possesso di armi ma anche già accusato di un altro, irrelato, duplice omicidio (nel '76), abitante a Montelupo come il guardone Spalletti (le due mogli hanno lo stesso ginecologo, che verrà a sua volta sospettato). E, soprattutto, datosi alla latitanza all'indomani del delitto di Baccaiano, poco prima che gli inquirenti, dopo l'imbeccata di un cittadino amico e le nuove accuse di Stefano Mele, arrivassero a lui come possibile autore dei cinque duplici delitti. La "caccia ai sardi", come la chiama Alberto Pinna sul Corriere nell'80, è del resto aperta da tempo per gli inquirenti, che proprio in quegli anni stanno indagando e facendo condannare decine di corregionali del Vinci per i drammatici sequestri fiorentini. Questi ultimi proseguono diradati: neanche due mesi dopo il delitto di Calenzano e sei dopo quello di Mosciano viene sequestrata alla Certosa Donatella Tesi Mosca, poi rilasciata dietro riscatto dopo un mese di prigionia. Considerando gli altri recenti episodi di sequestri a Calenzano, Lastra a Signa, Baccaiano, Greve in Chianti, possiamo dire che negli stessi anni Mostro e sequestratori si aggirano per le stesse campagne.

Nell'agosto dell'82 Francesco Vinci viene catturato, guarda caso, in una base dell'Anonima sarda. Più di un anno dopo il suo arresto, il delitto di Giogoli parve scagionarlo, sia pur tardivamente e con un episodio atipico, ma la maggior parte degli inquirenti riteneva ormai che il Mostro di Firenze non potesse essere una sola persona. Il Vinci viene pertanto trattenuto in carcere, anche quando, nel gennaio '84, vengono arrestati per gli stessi delitti Piero Mucciarini e Giovanni Mele.

Quest'ultimo, dagli esiti delle indagini, presenta un profilo particolarmente sospetto: guardone, professionalmente esperto nell'uso di taglienti, parafiliaco, puttaniere, residente a Scandicci, nei weekend gira sulla sua 128 verde per le campagne equipaggiato di corde, coltelli, nastri adesivi, mappe, appunti con targhe d'auto. Il suo arresto fu una decisione quantomeno comprensibile, specie a fronte delle nuove dichiarazioni di Stefano Mele, che ora e per la prima volta tirava in ballo per il delitto di Signa proprio suo fratello e i suoi cognati.

Nel frattempo, Claudio Marucelli aveva scritto dal carcere alla madre di Susanna Cambi dicendosi colpevole di aver ispirato il Mostro col suo attacco del '73 a Pozzolatico e già adombrando di aver conosciuto personalmente l'assassino. Quando nell'83 il Marucelli, noto manolesta dal grilletto facile, evade nuovamente, la situazione è tutt'altro che tranquilla. Viene arrestato, con sollievo di tutti, pochi mesi dopo. Quello stesso autunno Vigilanti ottiene la piena riabilitazione, conseguendo inoltre la licenza per porto d'armi (che invece continua ad essere respinta per Pacciani). Vigilanti risulta poi iscritto alla sezione del tiro a segno nazionale di Prato, e frequenta regolarmente il poligono perché, riferitamente, "ama sparare". In quegli stessi anni deterrebbe illegalmente diverse armi, e sarebbe solito girare in auto di notte con i suoi due cani.

Il delitto di Vicchio del luglio '84 si compie nel giorno del compleanno di Benito Mussolini e chiarisce tragicamente che il Mostro non è stato fermato. Anche in questo caso si segnalano diverse figure o auto sospette in zona la sera del delitto come nelle ore o nei giorni precedenti. Oltre a una notoria (e solo a posteriori sinistra) telefonata da parte di un fornaio nel cuore della notte. Vinci, Mele e Mucciarini vengono scarcerati nei mesi seguenti. Intervistato, Francesco Vinci dichiara ai giornalisti "Stefano sa, ed ha ingannato tutti (...) per depistare l'indagine. E c'è riuscito (...). Ha paura (...) oppure copre qualcuno. (...). Chi? Può capitare tra gente di *mala* che ci si chieda un favore che poi si rende. Ci deve essere qualcuno a lui vicino che nessuno sospetta". Lascerà quasi subito l'Italia per trasferirsi colla famiglia in Francia.

In novembre si tiene a Firenze un congresso del MSI dove straparla anche l'ormai anzianotto ma ancora tonante Giorgio Almirante, sempre sotto l'occhio vigile di Vigilanti. Quella sera del 23, guarda un po', leggo che lo stesso Almirante è "a cena con dei farmacisti fiorentini". 'Anvedi. Ovviamente. con Vigilanti al seguito. E alcune settimane più tardi, il 23 dicembre, ha luogo un nuovo tragico attentato nel pratese: la terribile strage di Natale del Rapido 904.

Nel 1985 il Mostro uccide la sua ultima coppia. Pochi giorni dopo il "delitto di San Casciano" un contadino della zona con gravi precedenti e una pessima reputazione viene indicato da una lettera anonima come persona da indagare. Per molti, ancora oggi, Pacciani era estraneo a quei delitti: ed è vero che lui si è sempre detto tale, come è vero che non si sono mai trovati la pistola o i feticci. Ma da quel momento, da quando cioè viene segnalato da un suo vicino (maligno o coscienzioso fate voi, io scelgo la seconda), ogni scrupoloso tentativo di scagionarlo riuscirà parimenti inesitato e troppo spesso pretestuoso e distorsivo. E come ci avete provato. Per decenni. Anche inventando, falsificando, pervertendo. Coprendo o santificando il pedofilo. Ebbravi. Ma andiamo avanti.

Di sicuro i delitti sono finiti: ai posteri la spiegazione finale sulla di poco seguente morte di Francesco Narducci. Almeno a Firenze, i delitti rimasti irrisolti si diradano per tutto il resto degli anni '80: dopo Scopeti, infatti, si interrompe improvvisamente anche la misteriosa scia di delitti di guardoni, prostitute e omosessuali che si erano incessantemente alternati ai massacri del Mostro (dall'80 all'85: delitti Cavallaro, Lazzarotti, Degl'Innocenti, Monciatti, Meoni, Borselli, Cuscito, Bassi, Milianti).

Come Pacciani, anche Vigilanti subisce una prima perquisizione in quello stesso settembre dell'85: in entrambi i casi non emergerà niente di rilevante, se pure, a differenza di Pacciani, l'ex-legionario (già considerato dai carabinieri "soggetto pericoloso") viene trovato in possesso di armi, munizioni, e ritagli di giornali su alcuni delitti fiorentini di coppiette o prostitute. Quanto a compatibilità col Mostro di Firenze, presentavano entrambi un profilo oggettivamente più che sospetto e meritevole di approfondimenti. Passeranno diversi anni prima che si accerti l'abituale e peculiare frequentazione della piazzola di Scopeti da parte di Pacciani, come l'avvistamento di lui o della sua auto nei pressi della stessa in quello scorcio di fine estate. Similmente, Lotti. e Pucci risulteranno indubitabilmente presenti nel pomeriggio di domenica 8 settembre all'ingresso della piazzola di Scopeti, peraltro in atteggiamento di insistita osservazione. Eppure, all'epoca del delitto, nessuno indicò di propria iniziativa questi personaggi come guardoni o frequentatori della zona. Il solo Floriano Delli scriverà, pochi giorni dopo il delitto dei francesi, la suddetta lettera anonima per segnalare quello strano contadino che viveva di fronte alla sua casa di campagna a Mercatale.

E ADESSO? NON LE AMMAZZI PIÙ, LE COPPIETTE?

A ogni modo, dal settembre dell'85, sia Pacciani che Vigilanti sanno per certo di essere sospettati. Quello stesso novembre, il maresciallo Amore inoltra ai magistrati una densa nota informativa su Vigilanti, raccomandando di stargli addosso e condurre accertamenti. Pochi mesi più tardi, l'ex-legionario cambia auto dopo quindici anni e vende la sua inseparabile Lancia rossonera.

Rotella, Izzo e Torrisi puntano ora su Salvatore Vinci, che si risolvono a indagare ufficialmente solo dopo il delitto di Scopeti. Arrestato, trasferito in Sardegna e (dopo un anno di carcere preventivo) ivi processato per il presunto omicidio della prima moglie (risalente al '60), il Vinci viene assolto nel gennaio dell'88 e di lì a poco fa perdere le sue tracce.

Nell'87 torna inoltre a fare il matto Claudio Marucelli: durante un permesso premio spara alla suocera e al di lei compagno perché non lo lasciavano parlare con suo figlio (a loro affidato in quanto anche la madre era in carcere per gestione di bisca clandestina). Al contempo, Pietro Pacciani viene arrestato (nell'87) e condannato (nell'88) a otto anni di reclusione per reiterate violenze carnali sulle figlie. Intanto, dall'85 non si sono più verificati delitti di coppiette a Firenze.

Nel dicembre dell'89 la Sentenza Rotella chiude definitivamente la Pista Sarda, lasciando campo libero alla Pista Pacciani. E qualche giorno dopo, a Firenze torna a colpire un serial killer: è Sergio Cosimini (26), disturbato e appassionato di armi con piccoli precedenti e il vizio di spacciarsi per poliziotto. La mattina del 26 dicembre, nei pressi di Fiesole, Cosimini uccide a sangue freddo un pensionato con due colpi di calibro 38 lasciando sulla scena un delirante messaggio scritto, in cui reclama il ritorno a Firenze come questore di Sandro Federico, primo capo della SAM. Poco prima di essere catturato, l'1 giugno del '90, lo schizzatissimo Cosimini uccide con la stessa pistola due carabinieri che lo avevano fermato su un motorino rubato nel centro di Siena.

Sempre nel '90, anche il neosquadrismo torna a farsi sentire a Firenze, con una triste ripresa della sigla Ludwig, usata, insieme a quella parimenti tetra ma inedita delle Brigate Goebbels, nei volantini di rivendicazione di alcune spedizioni punitive condotte durante il Carnevale nel centro storico da un nutrito gruppo di fanatici in maschera, con pestaggi e accoltellamenti indiscriminati a danno di immigrati africani. Negli stessi giorni si verifica poi un attentato incendiario contro un capannone della periferia occupato da profughi nordafricani.

Nel frattempo, nessuno sembra occuparsi più dei fratelli Vinci. E se Salvatore si guarda bene dal tornare in circolazione, nel 1990 Francesco è di nuovo in Italia, dove viene presto riarrestato per crimini comuni. Alla fine del '91 viene scarcerato Pietro Pacciani, ma Perugini, Vigna e Canessa gli sono addosso già da tempo: ormai è lui il presunto Mostro di Firenze. E mentre quasi nessuno pensa più alla pista sarda, una mano misteriosa colpisce Francesco Vinci: rilasciato a sua volta nel '92, viene torturato e ucciso da ignoti nell'agosto del '93 con Angelo Vargiu nei pressi di Pontedera, in sinistra concomitanza con l'omicidio, condotto in maniera non troppo dissimile, di Milva Malatesta e Mirko Rubbino. I due inquietanti duplici delitti dell'agosto '93 coinvolgono rispettivamente due personaggi legati al contesto di Signa e altri due legati al contesto di Scopeti. Sono gli omicidi che accompagnano sinistramente le indagini e il processo a carico di Pietro Pacciani, come anche quelli di Anna Milvia Mattei (convivente del figlio di Francesco Vinci) e Domenico Agnello (amico di Salvatore Indovino e frequentatore di Faltignano) nel maggio e nell'agosto del '94.

Il duplice delitto risalente al gennaio del '92, che aveva visto assassinata una coppia di coniugi (Antonietta Persiani e Renzo Consigli) fra Calenzano e Barberino, sarebbe estraneo agli ambienti di nostro immediato interesse, ma rimane comunque insoluto.

È all'indomani della condanna in primo grado di Pacciani all'ergastolo che inquirenti e giornalisti tornano, dopo nove anni, a interessarsi di Vigilanti: denunciato per minacce da un vicino di casa e nuovamente perquisito nel novembre del '94, viene trovato in possesso di oltre un centinaio di cartucce di stessi marca, tipo e calibro di quelli del Mostro (cartucce che non erano state rinvenute nella perquisizione dell'85 e la cui provenienza indicata dall'interessato, il locale poligono, fu recisamente smentita). Un'inquietante evidenza emerge solo a posteriori: non si trova, infatti, una pistola calibro 22 che lo stesso deterrebbe già al tempo e che non sarà mai esaminata. Lo stesso Pacciani aveva indicato nei suoi memoriali proprio il suo concittadino Vigilanti come persona più che sospetta, riferendo che la sera del delitto di Calenzano sarebbe stato segnalato sulla sua auto in stato di agitazione a poca distanza dal luogo dell'omicidio. Già al tempo, per alcuni, come il giornalista Gennaro De Stefano, autore di appassionati articoli in quelle settimane, Vigilanti era un Mostro ben più convincente di Pacciani. Ciononostante, l'attenzione degli inquirenti si focalizzò sugli associati sancascianesi del "Vampa", e l'ex-legionario scomparve per qualche tempo dalla pubblica attenzione.

All'assoluzione di Pacciani nel '96 fa seguito una decisa reazione investigativa, che porta all'individuazione e poi alle condanne definitive di due suoi complici per gli ultimi quattro duplici delitti. Sospetta rimarrà poi l'implicazione di altri personaggi come Faggi o Pucci, mentre presumibile resta la partecipazione o perlomeno il fiancheggiamento di altre persone.

Di converso, l'istanza "innocentista2 prospetterà altre letture, in primis quella del "Mostro in Divisa" come serial killer unico, che, variamente ripresa e riferita a un poliziotto in uniforme, risulta tutt'oggi priva di riscontro. Nondimeno, anche mettendo da parte le suggestioni in tal senso come la testimonianza Calonaci per Baccaiano, la diffusamente segnalata presenza di soggetti "in divisa" nel sottobosco dei guardoni e l'attitudine venatorio-militare del Mostro, sono dati di fatto e giustificano, sia pur in ottica non esclusiva, questa lettura (in seguito considerata anche da Canessa, che nel 2008 parla di un "uomo di legge" apparentemente implicato nel "giro" di presunti fiancheggiatori o mandanti di Pacciani, con possibile riferimento a Filippo Neri Toscano e Francesco Simonetti). Sempre nel '94, pur non chiamato a testimoniare al processo Pacciani, torna a parlare Spalletti, che dichiara ai giornalisti: "Ma se dietro a tutto quest'affare ci fosse... un puliziotto di quelli con le palle grosse... nessuno ci pensa?". Si era del resto scoperto da poco come un gruppo di poliziotti fascisti potesse tranquillamente compiere decine di rapine e omicidi fra Bologna e la Riviera Romagnola (dunque sempre in una "roccaforte rossa") restando per anni impunito.

Eclatanti e gravi episodi eversivi torneranno a verificarsi nel '95 nella vicina provincia di Pisa, con attentati esplosivi a danno di campi nomadi, spesso mirati contro bambini e firmati con la sigla Fratellanza Bianca.

I NUOVI MOSTRI (DI FIRENZE)

Se il Mostro di Firenze non colpisce più, una malvagia follia continua nondimeno a colpire in Toscana sotto altre forme. Negli stessi anni dei processi a Pacciani, è di tragica attualità la piaga dei "killer del sasso", dei giovanissimi, cioè, che si divertono a lanciar massi dai cavalcavia sulle auto in corsa: nel solo luglio del '94 si registrano episodi sulla strada fra Montelupo e Ginestra Fiorentina, con un bilancio di sette feriti e nove vetture danneggiate.

Nell'agosto del '97 ha invece luogo fra Siena e Firenze lo strano e ancor oggi insoluto omicidio della giovane tassista Alessandra Vanni, strangolata con un cordino nella sua vettura parcheggiata su un'isolata sterrata di campagna.

Nel febbraio del '98 muore Pietro Pacciani, schiantato da un terzo infarto: poco dopo Mario Vanni e Giancarlo Lotti vengono condannati come suoi complici nell'esecuzione degli ultimi quattro omicidi del Mostro. Come in una sorta di sequenza logica, a settembre alcuni giornali riportano la lieta notizia che un sessantottenne di Prato, Gianpiero Vigilanti, avrebbe ereditato una fortuna (pare 18 milioni di dollari) da un parente emigrato negli Stati Uniti. Al di là dei contorni con cui venne contestualmente presentata la faccenda, notiziata alle testate d'informazione dallo stesso Vigilanti, sappiamo oggi che possibilmente si trattò di una sua invenzione o copertura le cui ragioni e retroscena rimangono oscuri. Nella foto che corredava la notizia, l'ex-legionario ha una calibro 22 in mano, possibilmente la stessa High Standard fantasma di cui denuncerà il poco credibile furto quindici anni più tardi.

Dal 2000 abbiamo le condanne definitive a carico di Vanni e Lotti e un'apparente risoluzione giudiziaria del tragico caso del Mostro di Firenze. Oggi possiamo dire che non esistono sentenze più diffusamente discusse e criticate nella Storia d'Italia.

Risulta nondimeno un'acquisizione certa il fatto che la serie di delitti coinvolse più persone e più fasi operative, sebbene l'idea di un singolo serial killer rimane una squisitamente teorica quanto inamovibile presenza nell'immaginario collettivo, anche a scapito della comprensione storica. La percezione e talora la certezza di una pluralità di responsabili caratterizza le indagini fin dal '68, viene variamente prospettata in quelle del '74 e dell'81-'82, argomentata sui giornali da Sgherri, Spezi o Tessandori ("l'assassino o più probabilmente gli assassini"), e poi espressamente asserita anche in riferimento alla pista sarda, specie col duplice arresto di Mele e Mucciarini, e in generale in numerose quanto decise dichiarazioni degli inquirenti. È con la fine dei delitti che la prospettiva plurale scompare per qualche tempo dal mainstream: per dieci anni, dall'86 al '96, viene principalmente contemplata l'individuale responsabilità prima di Salvatore Vinci e poi di Pacciani.

Unica voce fuori dal coro il compianto avvocato Luca Santoni Franchetti, che al processo Pacciani anticipò formalmente la concezione del Mostro come "un'entità plurale", responsabile degli otto duplici omicidi ma anche di diversi altri "delitti collaterali", effettivamente rimasti irrisolti. Contestualmente, Santoni Franchetti sollecitò, insieme a Rosario Bevacqua, l'audizione di Fabbri, Spalletti e altri, possibilmente inquadrabili a loro volta in uno "scenario complesso". Specie in quanto risultava, pur fumosamente, che gli stessi avrebbero subìto più o meno velate pressioni o minacce, anonime e non, nell'estate dell'81. Spalletti, dal carcere, ebbe a raccomandare che la moglie e i figli si rendessero irreperibili lasciando Montelupo e andando a vivere presso dei parenti. Fosco Fabbri, che aveva poi anche segnalato un "guardone di guardoni" armato e vestito di una non riconoscibile divisa, avrebbe riferito, in una telefonata col fratello di Spalletti, di una sparatoria nei boschi della Roveta pochi giorni dopo il delitto di Mosciano, in occasione della quale sarebbe stato costretto al silenzio e minacciato, appunto, di "fare la fine di Spalletti". Il "Ricciolo" Fabbri, deceduto nel '96, avrebbe addirittura confermato di conoscere queste persone ("diamine che li conosco!"), che però non furono mai identificate.

Il nuovo orizzonte dei Compagni di Merende arriva infine a invertire per sempre la prospettiva, consacrando l'esistenza di più Mostri di Firenze. Un contesto "di gruppo", come anche, secondo un'acuta formulazione che prendo in prestito, di "psicopatia amorale, disaffettiva e istrionica".

Che poi, a pensarci bene, in occasione di praticamente tutti i delitti si segnalano movimenti diffusi sulla, e attorno alla, scena del crimine, e il solo complesso di queste segnalazioni mi sembra conclamare l'azione coordinata di più di una persona. Curiosamente, una macchina sospetta dal colore acceso e riconoscibile come il rosso, sia pur di modelli diversi, emerge più frequentemente di varie altre dalle testimonianze: a Mosciano, a Calenzano, a Giogoli, a Vicchio, a Scopeti.

Al di là di queste immagini concrete ma mai più che suggestive, il quadro lascerebbe prospettare diversi "gruppi di zona" di guardoni organizzati (della Roveta, di San Casciano, di Montespertoli, di Fiesole, di Calenzano, del Mugello) in apparente o potenziale interrelazione. Nell'ottobre dell'81, parlando ai giornalisti e nell'intento di ridimensionare l'entità e il profilo del gruppo di guardoni della Roveta, Spalletti offrì uno scorcio illustrativo e sinistramente profetico sulla "zonizzazione" dei guardoni fiorentini: "So che a Fiesole, per esempio, ci sono ambienti più esclusivi. Se va uno di fuori... lo possono anche picchiare o fargli uno spregio alla macchina". Ebbene, tre anni più tardi, Bruno Borselli viene ucciso con sedici coltellate nel bosco di notte proprio in quella "zona", alle Cave di Maiano presso Fiesole.

Mentre indagini e processi continueranno interessando le figure di Francesco Calamandrei e Francesco Narducci, tragici massacri di donne, alcuni ancora senza colpevole, continuano a verificarsi in zona anche negli anni 2000. È tristemente noto il caso di Margherita Bisi (35) scomparsa nel nulla al casello di Firenze Nord nel marzo del 2002. Il ventiduenne Luca Delli risultò averla incontrata quella sera e aver poi ricettato i suoi cellulari, ma, processato, fu assolto. Nel 2003 è la volta di Rosanna D'Aniello (46), trucidata in casa sua nel centro storico dall'aspirante serial killer e satanista patologica Daniela Cecchin (47). Nel giugno 2006, in una piazzola di sosta dell'A1 all'altezza di Barberino di Mugello, vengono ritrovate delle ossa di donna chiuse in un sacco. Il mese seguente, un incendio devasta il poligono di Prato, la cui documentazione cartacea (e non digitalizzata) va perduta per sempre, inclusa quella relativa a una mai analizzata High Standard calibro 22 poi risultata in possesso di Vigilanti e ancor prima del suo conoscente dottor Francesco Caccamo.

Nel 2007, mentre infuriano indagini e processi sulla pista dei mandanti, viene celebrata su Italia 1 la santificazione in vita di Gianpiero Vigilanti, con uno sbalorditivo panegirico officiato da Enrico Ruggeri: in diffusione nazionale, l'ex-legionario viene "riverginato" e presentato come eroe militare di specchiatissima virtù marziale ingiustamente sospettato di essere il Mostro. E sia, prendiamola come una commissione dall'alto nel momento storico in cui i postfascisti erano al governo con Berlusconi. Sono certo che anche Canessa, che continuerà a martellare Vigilanti imperterrito almeno fino al 2015, converrebbe sul discreto grado di sospetto che ammanta quella trasmissione, che oggi appare come un maldestro quanto preteso tentativo di riabilitare pubblicamente Vigilanti, dipingendolo però in maniera paradossalmente idealizzata, certo non rispondente a realtà. Il tutto condito da didascalie surreali, del tipo "Gianpiero si annoia... è contento solo quando può sparare". Per la Madonna!

Il 2008 è invece a Firenze l'anno del piromane Francesco Nassi, già figura nota nel circuito delle emittenti locali, che sbrocca e si rende responsabile di incendi dolosi a danno di una sessantina fra auto e motorini. Intanto il nuovo filone di indagini e processi sul Mostro di Firenze non porta i risultati sperati. Calamandrei viene definitivamente assolto nel 2010 e tutta la pista perugina si spenge pur tra sconcertanti sospetti di losche trame e biechi insabbiamenti.

In quegli stessi anni già si aggira minaccioso su un furgoncino Fiat Doblò per le notti fiorentine Riccardo Viti, idraulico e militante comunista che si diverte a torturare e rapinare prostitute extracomunitarie, dopo averle legare per una "prestazione sadomaso" (fra gli oltre dieci episodi denunciati: luglio 2011 a Prato, marzo 2013 a Ugnano, febbraio 2014 a Calenzano). Il basso profilo dei reati, raramente denunciati, come anche il contesto marginale in cui li commetteva, e alcuni altri accorgimenti, gli consentiranno di proseguire indisturbato i suoi numerosi attacchi in una delirante escalation.

Nel 2011 viene trovato presso Ceppeto, sul monte Morello, lo scheletro di una donna morta da circa un anno e rimasta non identificata. Alla fine dello stesso anno, un altro psicopatico neofascista colpisce a Firenze, uccidendo a colpi di Magnum due immigrati senegalesi e ferendone un terzo in piazza Dalmazia e poi storpiandone un quarto al Mercato di San Lorenzo, il tutto in pieno giorno, fra il panico generale: è Gianluca Casseri, suicidatosi subito dopo, ormai accerchiato dalla polizia.

Nel novembre 2013 Gianpiero Vigilanti denuncia il furto di quattro sue pistole (tra cui una High Standard calibro 22) regolarmente detenute: l'episodio, inspiegato e irrisolto, ha luogo in sinistra concomitanza con la nuova attenzione del procuratore Canessa verso lo stesso Vigilanti, che proprio in quei mesi era stato più volte interrogato in merito ai delitti del Mostro di Firenze. L'ex-legionario avrebbe nell'occasione accusato del furto un non meglio specificato "bombolaio", gettando inoltre sospetti sull'implicazione di imprecisati cinesi (notoriamente presenti in gran numero a Prato), ma restano legittimi i sospetti che lui stesso abbia fatto sparire, fra le altre, anche un'arma che scottava. Curiose, ma usuali nella galleria dei Presunti Mostri, alcune dichiarazioni della moglie del sospettato di turno, che sembra formulare quasi una mezza ammissione, dicendo, letteralmente: "Finché non dirà dove sono quelle quattro pistole gli staranno addosso...".

Nel 2014 ha luogo il terribile delitto della giovane rumena Andrea Zamfir, in via del Cimitero a Ugnano. "Crocifissa" a una sbarra con del nastro adesivo, è stata uccisa con un bastone, infilatole violentemente e ripetutamente nel corpo. La scena del crimine, con l'ancora evidente scempio sessuale, ricorda sinistramente a poliziotti e inquirenti i delitti del Mostro di Firenze. L'assassino è il summenzionato e fino ad allora sconosciuto "torturatore di prostitute" Riccardo Viti (55), che, condannato a vent'anni, tornerà in libertà tra qualche anno.

Seguono nel 2016 il delitto di Ashley Olson per mano di un giovane immigrato, in zona Santo Spirito, e il duplice omicidio a coltellate di un transessuale e di una giovane dominicana per mano dell'esaltato fascistoide Mirco Alessi in zona Santa Maria Novella.

E nel 2017 torna il Mostro di Firenze, per fortuna solo sui giornali, con gli abituali "titoloni" su La Nazione: Vigilanti è il nuovo indagato. E con lui anche un medico in pensione mai sentito prima, Francesco Caccamo di Dicomano, in passato operante a Prato, dove avrebbe avuto fra i suoi pazienti sia Vigilanti che i fratelli Vinci, e possessore della pistola High Standard poi finita, attraverso almeno due passaggi, proprio a Vigilanti, cui sarebbe poi stata rubata (vedi sopra). Il fascicolo in questione viene affidato dal partente Canessa al suo collega e sostituto Luca Turco.

Sembra prendersi atto solo ora, con venti o trent'anni di ritardo, di una sconcertante *congerie* di certo non coincidenziali relazioni del legionario con certi luoghi e certe persone. In primis, Vigilanti ha conosciuto e/o frequentato sia Pacciani che Marucelli, sia Lotti che i fratelli Vinci, come anche Reinecke e, possibilmente, persino il dottor Narducci. Per questo ho pensato che il giovane medico perugino potesse frequentare gli ambienti fiorentini della destra altoborghese magari scarrozzato per la provincia dall'ex-legionario, discreto autista di partito: ma questo è un mio film. Vigilanti ha soprattutto il profilo attitudinale più confacente di tutti: esperto nell'uso di armi da fuoco e da taglio come nel corpo a corpo, è una vera macchina per uccidere. Per di più frequenta diverse delle zone dei delitti e forse dovremmo far pace col fatto che l'uomo dell'identikit di Travalle fosse proprio lui, alla guida della sua Lancia rossonera. Lui stesso non fa mistero di essersi trovato in zona nelle sere dei delitti di Calenzano e Vicchio. Gli approfondimenti dell'avvocato Vieri Adriani individuano inoltre altre evidenze, come le già repertate ma mai ben analizzate impronte di scarponi militari o di cane sulla scena del crimine di Calenzano. Il modello degli scarponi è lo stesso usato in Legione Straniera.

Apparentemente imperturbabile, Vigilanti si concede quasi divertito al nuovo interesse, sia giornalistico che popolare, che lo circonda: diverse sono le interviste che rilascia con profusione di suggestioni, provocazioni e mezze ammissioni, ma rimane sempre fermo nel proclamarsi del tutto estraneo alla "vicenda Mostro" ("Non ho paura di niente, non ho fatto nulla... non c'è nulla. Io sono a posto, in regola"). Al contempo gli accertamenti e gli interrogatori a carico di Caccamo convincono gli inquirenti della sua estraneità e della vacuità (o della malizia) dei sospetti avanzati nei suoi confronti dal sibillino legionario. E nel gennaio del 2019, Vigilanti viene allontanato dalla moglie per maltrattamenti continuati e confinato in un ricovero per anziani. Torna a parlare anche la signorina Annamaria, già nota come suor Elisabetta e assistente spirituale di Pietro Pacciani, che in un'intervista lascia capire come un carcerato di Sollicciano (identificabile con Claudio Marucelli) le avrebbe anni addietro indicato lo stesso Vigilanti come parte in causa nei delitti del Mostro.

Lo stesso anno viene pubblicato un volume a fumetti a firma di Giuseppe Di Bernardo e Vittorio Santi (*Mostro di Firenze, Enigma Senza Fine* – Inkiostro Edizioni 2019), che pur nella libertà di una finzione narrativa apparentemente lontana da velleità strettamente storiografiche, offre un tentativo di sintesi, analisi e contestualizzazione della vicenda senza precedenti per accuratezza e studio preliminare. Sarebbe qui ozioso decantare la peculiare potenza evocativa ed emotivamente perturbante di quest'opera: valga però riconoscerle, limitatamente al nostro orizzonte (quello sì suppostamente storiografico), il merito di aver guidato e ispirato la presente ricerca, così come le diverse prospettazioni a suo tempo rilasciate in rete dall'avvocato Adriani e i preziosi contributi di Stefano Brogioni.

La posizione dell'ormai novantenne Vigilanti (e a maggior ragione quella di Caccamo) viene archiviata nell'autunno del 2020. Scelta dovuta o finale beffardo?

Ancora oggi, nel 2022, i rappresentanti legali dei parenti di alcune vittime del Mostro di Firenze chiedono nuove indagini e più mirati approfondimenti, anche su Vigilanti, specie in merito alle sue frequentazioni e agli ambienti in cui si muoveva negli anni dei delitti.

MOSTRO DI FIRENZE: BIBLIOGRAFIA MINIMA

NON FICTION

- IL MOSTRO DI FIRENZE, Mario Spezi, 1983, Sonzogno.

- UN UOMO ABBASTANZA NORMALE. LA CACCIA AL MOSTRO DI FIRENZE, Ruggero Perugini, 1994, ISBN 9788804389279, Mondadori.

- LA LEGGENDA DEL VAMPA, Giuseppe Alessandri, 1995, Loggia di Lanzi.

- STORIA DELLE MERENDE INFAMI, Nino Filastò, 2005, ISBN 9788888967226, Maschietto.

- IL MOSTRO. ANATOMIA DI UN'INDAGINE, Michele Giuttari, 2007, ISBN 9788817016285, Rizzoli.

- I DELITTI DEL MOSTRO DI FIRENZE, Jacopo Pezzan, Giacomo Brunoro, 2011, ISBN 9781953546821, LA CASE Books

- 48 SMALL. IL DOTTORE DI PERUGIA E IL MOSTRO DI FIRENZE, Alvaro Fiorucci, 2012, ISBN 9788860745002, Morlacchi.

- DELITTO DEGLI SCOPETI. GIUSTIZIA MANCATA, Vieri Adriani, Francesco Cappelletti, 2012, ISBN 9788878417724, Ibiskos Ulivieri.

- STORIA DEL MOSTRO DI FIRENZE. VOL. 1 L'ESORDIO, Frank Powerful, 2013, Centro Leonardo.

- IL MOSTRO DI FIRENZE ESISTE ANCORA, Valerio Scrivo, 2014, ISBN 9788897060857, Greenbooks.

- IL MOSTRO DI FIRENZE. ULTIMO ATTO, Alessandro Cecioni, Gianluca Monastra, 2018, ISBN 9788865945773, Nutrimenti.

- MOSTRO DI FIRENZE. AL DI LÁ DI OGNI RAGIONEVOLE DUBBIO, Paolo Cochi, 2020, ISBN 978-8897674771, Runa Editrice.

FICTION

- DOLCI COLLINE DI SANGUE, Mario Spezi, 2006 ISBN 9788845412714, Sonzogno.

- SHERLOCK HOLMES E IL MOSTRO DI FIRENZE, Francesco Ciurleo, 2019, Independently Published.

- IL MOSTRO, Alessandro Ceccherini, 2022, ISBN 978-8874529568, Nottetempo

AUDIOLIBRI

- IL MOSTRO DI FIRENZE, Jacopo Pezzan, Giacomo Brunoro e Paolo Cochi, 2010, ISBN 9788890589652, LA CASE Books.

- IL MOSTRO, Giuseppe Paternò Raddusa, Maria Triberti, Lorenzo Pedrazzi, 2021, Audible Studios.

FUMETTI

• IL MOSTRO DI FIRENZE, Liri Trevisanello, Erika Ponti, 2013, ISBN 9788897555704, Beccogiallo.

• IL MOSTRO DI FIRENZE - ENIGMA SENZA FINE, Giuseppe Di Bernardo, Vittorio Santi, 2019, ISBN 9788832292077, Edizioni Ink.

TESTI IN LINGUA INGLESE

• THE MONSTER OF FLORENCE. A TRUE STORY, Mario Spezi, Douglas Preston, 2008, ISBN 978044658119, Grand Central Publishing.

• THE TRUE STORIES OF THE MONSTER OF FLORENCE, Jacopo Pezzan, Giacomo Brunoro, 2011, ISBN 9781953546913, LA CASE Books.

• THE MONSTER OF FLORENCE, Madgalen Nabb, 2013, Soho Crime.

ANGELO MAROTTA

Angelo Marotta nasce a Prato il 18 Dicembre 1971. Si diploma nel '91 al Liceo Scientifico Statale N. Copernico a Prato. Nello stesso anno comincia a lavorare alla United Colors of Benetton, partendo da semplice macchinista a responsabile di reparto e delle spedizioni internazionali.

Nel 2009 termina la sua avventura alla Benetton, nel frattempo consegue la ECDL (European Computer Driving Licence), che dal 2019 viene chiamata ICDL (International Certification of Digital Literacy), comunemente nota anche come la Patente Europea del Computer. Sempre nel 2009 apre con grande coraggio Partita IVA e comincia la sua avventura come lavoratore autonomo – Tecnico informatico – Sviluppatore web – Sviluppatore con i principali linguaggi ad oggi utilizzati: HTMl, PHP, Perl, Python, JavaScript.

Nel 2010 crea il documentario "I delitti del Mostro di Firenze".

Dal 2016 comincia a lavorare a Florence International Radio trattando sempre il crime (passione ormai di vecchia data) e nel 2019 fonda OCCHI NELLA NOTTE, canale web che si occupa di True Crime. Amante dei libri, è appassionato di cucina italiana.

JACOPO PEZZAN
& GIACOMO BRUNORO

Entrambi padovani, Pezzan e Brunoro si sono conosciuti sui banchi del liceo nei primi anni '90. Hanno raccontato i misteri italiani, i delitti del vaticano, le storie nere dei serial killer e alcuni dei più celebri fatti di cronaca nera legati alle icone pop contemporanee in una serie di libri, ebook e audiolibri.

Il loro podcast, TRUE CRIME DIARIES, è disponibile in tutte le principali piattaforme digitali.

LA CASE BOOKS

LA CASE Books è un progetto editoriale nato nel 2010 da un'idea di Jacopo Pezzan e Giacomo Brunoro. Agli inizi del 2010 Pezzan, che vive a Los Angeles, capisce che quella dell'editoria digitale. non è una semplice scommessa sul futuro ma una realtà concreta.

Così, quando in Italia non era ancora possibile acquistare ebook su iTunes, e Kindle Store era attivo soltanto negli USA, LA CASE Books inizia a pubblicare ebook e audiolibri in italiano e in inglese sul mercato mondiale. Nel 2020, per festeggiare i primi dieci anni di attività della casa editrice, iniziano anche le pubblicazioni in formato cartaceo.

Dal 2010 a oggi LA CASE Books ha pubblicato più di 1.400 titoli tra libri cartacei, ebook e audiolibri in inglese, italiano, tedesco, francese, spagnolo, russo e polacco, ed è presente in tutti i più importanti digital store internazionali.

www.lacasebooks.com

ATTI DEL CONVEGNO NAZIONALE SUL CASO DEL MOSTRO DI FIRENZE. 16 luglio 2022
AAVV

Il Convegno Nazionale sul caso del Mostro di Firenze 2022 è stato organizzato da Angelo Marotta, Giacomo Brunoro e Jacopo Pezzan.

ISBN 9781953546135

Copyright © 2022 LA CASE
Tutti i diritti riservati

LA CASE Books
PO BOX 931416, Los Angeles, CA, 90093
info@lacasebooks.com || www.lacasebooks.com

Nessuna parte di questo libro può essere riprodotta o archiviata in un sistema di recupero né trasmessa in qualsivoglia forma o mediante qualsiasi mezzo, elettronico, meccanico, tramite fotocopie o registrazioni o in altro modo, senza l'autorizzazione scritta esplicita dell'editore.

www.ingramcontent.com/pod-product-compliance
Lightning Source LLC
Chambersburg PA
CBHW060158050426
42446CB00013B/2882